VALERIA GIACOMETTI

LO STUPRO COME ATTUAZIONE DEL GENOCIDIO.
IL CASO AKAYESU.

A Laura, Daniela e Monica
Amiche e compagne di viaggio

A tutte le donne che hanno avuto il coraggio di denunciare.

Sommario

Prefazione dell'Autrice.

Mentre scrivevo l'instant book sulle armi chimiche e batteriologiche ("*Armi chimiche e batteriologiche – La giurisprudenza fantasma*" Ed. Formamentis), mi sono imbattuta svariate volte nella citazione di questa sentenza e ho deciso di approfondire l'argomento.

La sua lettura e quella degli atti del processo al Jean Paul Akayesu, disponibili perché pubblicati (https://unictr.irmct.org/en/cases/ictr-96-4; https://jrad.irmct.org/result.htm#?&search=&texttype=&searchtype=&datefrom=&dateto=&datefiledfrom=&datefiledto=&source=&exhibit=&record=&lang=&witness=&type=&casenum=ictr-96-4&organization=&accused=&extension=&fsearch=&fdatefrom=&fdateto=&fsource=&ftype=&flang=&forganization=&fcase=), mi hanno colpita moltissimo perché, sino a quel momento, non avevo idea della gravità della tragedia vissuta dalla popolazione Tutsi durante la guerra in Rwanda, né delle atrocità commesse.

Leggere le testimonianze delle donne che avevano subito ogni sorta di abusi da parte delle milizie al comando di Akayesu mi ha fatta riflettere e ho ammirato il coraggio della Corte che, per la prima volta nella storia, ha condannato un soggetto per stupro pur non avendo egli mai commesso materialmente alcuna violenza.

Mai come in questo caso, il principio di diritto per cui l'omissione equivale all'azione è stato applicato in tutta la sua interezza ed estensione.

Un caso che ha rappresentato una vera e propria pietra miliare nella giurisprudenza penale internazionale, se anche il Tribunale per la ex Jugoslavia nelle sue più famose sentenze lo cita e lo prende ad esempio.

Un altro caso di brutalità nei confronti delle donne non solo in quanto appartenenti ad un'etnia diversa, nemica, ma anche in quanto parte del genere femminile. Esseri inferiori, da usare e poi annientare.

È stato scritto molto su questa sentenza, ma in Italia ho trovato quasi nulla che ne parlasse, per cui mi è sembrato doveroso affrontare l'argomento.

Per non dimenticare.

Ivrea, Ottobre 2021
Valeria Giacometti

Prefazione di Giulio Perrotta

Il caso Akayesu non si conclude semplicemente con una sentenza di condanna. Si conclude con un inno alla giustizia: Lo stupro come genocidio.

Ma andiamo per gradi.

Prima dell'arrivo dei coloni europei, in Rwanda convivevano pacificamente tre differenti popolazioni: i twa, un gruppo di pigmei dediti alla caccia; gli hutu, che vivevano di agricoltura e i tutsi, l'élite più ricca. Nel 1885, con la conferenza di Berlino, la Germania si vide assegnata in blocco il Rwanda e il Burundi, adottando di fatto un sistema politico di controllo indiretto, nominando amministratori locali del solo gruppo dei tutsi, nonostante rappresentassero il 3% della popolazione. Al termine del primo conflitto mondiale, nel 1922, il Belgio ottiene dalla Società delle Nazioni il mandato per gestire il "Regno di Urundi" (ovvero l'insieme del Rwanda e del Burundi), utilizzandoli come base per i suoi studi scientifici sulle razze che popolavano quei luoghi, definendoli sulla base dei tratti somatici, e dunque: i tutsi come cortesi, distinti ed elevati, mentre gli hutu come "negroidi", infantili, timidi, pigri ed estremamente sporchi. Tale orientamento di superiorità razziale venne confermato persino nei documenti ufficiali dell'anagrafe, a partire dal 1932. I decenni successivi non fecero altro che fomentare l'odio tra questi due gruppi etnici, a tal punto che nel 1959 avvenne un primo tentativo di epurazione etnica a danno dei tutsi, con l'indipendenza del paese nel 1962 e la nascita della Repubblica sotto un presidente hutu. Nell'anno successivo gli scontri si inasprirono fino alla morte di 10mila tutsi e oltre 250mila sfollati. Nel trentennio successivo, fino al 1994, il regime "democratico" della Repubblica si trasformò in una dittatura di maggioranza che trasformò i tutsi in demoni, stranieri e scarafaggi da eliminare.

Il 6 Aprile 1994, sull'onda di questo odio durato oltre 1 secolo, venne abbattuto l'aereo in volo del Presidente Habyarimana; non si scoprì mai il mandante e l'esecutore materiale ma questo fu il pretesto per intensificare le violenze, e nel giro di 100 giorni venne sparso il sangue di oltre 1 milione di persone, uccisi quasi prevalentemente a colpi di machete, oltre a episodi inenarrabili di torture e stupri di gruppo.

Dal 17 Luglio 1994 si comincia a parlare di "genocidio", da quando le milizie del Fronte Patriottico prenderanno il controllo di quella parta di Paese non ancora diventare un vero e proprio cimitero all'aria aperta.

Jean Paul Akayesu, sindaco della cittadina di Taba, verrà imputato e condannato per genocidio, per le azioni e omissioni che aveva commesso o alle quali aveva sovrinteso mentre ricopriva il suo ruolo politico e istituzionale. Lui è il protagonista della storia.

L'autrice di questo lavoro, dunque, Valeria Giacometti, avvocato e dottoressa in Psicologia, ripercorre magistralmente tutti questi eventi dando un taglio tanto saggistico quanto tecnico, abbracciando tanto la logica giuridica quanto le emozioni e i sentimenti umani, per dare voce a una sentenza che non è soltanto una condanna, ma vuol essere un monito per tutti coloro che dimenticano la nobiltà dell'anima e si abbandonano all'abbrutimento dello spirito, stringendo un patto con il proprio demone interiore, vendendo così quel poco che resta di "divino" dentro ognuno di noi.

Questa sentenza non è solo una sentenza.

È un inno alla libertà, che si nutre di luce, che respira aria buona, che ritrova l'equilibrio dopo le macerie, per non dimenticare mai che il ruolo del passato è quello di ricordarci che il futuro dipende da quanto abbiamo imparato dagli errori.

E certi errori non devono essere più commessi. Non possono essere più commessi.

Giulio Perrotta

PARTE I – IL DELITTO DI GENOCIDIO.

Introduzione.

Quando gli Alleati scoprirono i campi di concentramento nazisti, rivelando l'orribile portata della "Soluzione Finale" ideata da Hitler e dai suoi accoliti, la comunità mondiale si trovò di fronte alla sfida di come comprendere e spiegare l'enormità dell'Olocausto. Come risposta iniziale, e in riscontro al ritratto che Winston Churchill fece dell'intera violenza nazista come "crimine senza nome", lo studioso e giurista polacco Raphaël Lemkin coniò il termine "genocidio" dalla parola greca *genos* (razza, tribù) e dalla parola latina *caedere* (uccidere).

Per Lemkin, che era fuggito dalla Polonia dopo l'invasione tedesca, gli elementi critici che costituivano il genocidio non erano i singoli atti, anche se potevano essere considerati come crimini in sé, ma l'obiettivo più ampio di distruggere intere collettività umane. Su sollecitazione di Lemkin, l'Assemblea Generale dell'ONU promulgò, infine, un trattato multilaterale che definisce il crimine di genocidio

La Convenzione per la prevenzione e la repressione del delitto di genocidio, nota sinteticamente come *Genocide Convention*, è stata adottata dall'Organizzazione delle Nazioni Unite a New York il 9 Dicembre 1948 con la risoluzione 260 A (III). All'art. II la stessa prevede che: "*nella presente Convenzione, genocidio significa uno qualsiasi dei seguenti atti commessi con l'intento di distruggere, del tutto o in parte, un gruppo nazionale, etnico, razziale o religioso, come:*

1. *uccisione dei membri del gruppo;*
2. *causazione di un danno serio sia fisico che mentale ai membri del gruppo;*
3. *inflizione calcolata ai membri del gruppo di condizioni di vita calcolate appositamente per la sua distruzione fisica totale o parziale;*
4. *imposizione di misure intese a prevenire le nascite all'interno del gruppo;*

5. *trasferimento forzato dei bambini di un gruppo ad un altro*"[1]

ARTICLE II

In the present Convention, genocide means any of the following acts committed with intent to destroy, in whole or in part, a national, ethnical, racial or religious group, as such:

(*a*) Killing members of the group;

(*b*) Causing serious bodily or mental harm to members of the group;

(*c*) Deliberately inflicting on the group conditions of life calculated to bring about its physical destruction in whole or in part;

(*d*) Imposing measures intended to prevent births within the group;

(*e*) Forcibly transferring children of the group to another group.

L'evoluzione del delitto di genocidio.

Come detto, la parola "genocidio" è stata coniata nel 1944 da Raphael Lemkin nel suo libro sui crimini nazisti nell'Europa occupata[2]: egli riteneva che il regime delle leggi finalizzato alla tutela delle minoranze nazionali e stabilito tra le due guerre mondiali fosse difettoso perché, fra le altre cose, non aveva previsto il perseguimento dei crimini contro i gruppi. Il termine venne adottato, poi, l'anno successivo dai procuratori di Norimberga (anche se non dai giudici), e nel 1946 il genocidio è stato dichiarato crimine internazionale da parte dell'Assemblea

---

1 https://web.archive.org/web/20190528124533/https://www.unric.org/it/attualita/27992-prevenire-il-genocidio.

2 R. Lemkin, *Axis Rule in Occupied Europe: Laws of Occupation, Analysis of Government, Proposals for Redress*, Washington DC: Carnegie Endowment for World Peace, 1944 (Lemkin, 1944).

Generale delle Nazioni Unite[3].

L'Assemblea generale decise anche di procedere alla stesura di un trattato sul genocidio, che poi si tramutò nella Convenzione del 1948. All'epoca si ritenne importante definirlo come un crimine a sé stante per distinguerlo dai crimini contro l'umanità, termine che si riferiva a una gamma piuttosto più ampia di atrocità, ma che possedeva anche un aspetto maggiormente ristretto, dal momento che l'opinione prevalente riteneva che questi ultimi potessero essere commessi solo in associazione con un conflitto armato internazionale.

Sul punto, l'Assemblea generale volle fare un passo avanti, riconoscendo che un'unica atrocità, ovvero il genocidio, costituirebbe un crimine internazionale anche se commesso in tempo di pace, ma la definizione era estremamente ristretta rispetto al dolo e agli elementi materiali del reato e degli atti punibili. Fu, dunque, auspicato, da parte di coloro che assunsero l'iniziativa nell'Assemblea Generale, che il genocidio avrebbe dovuto essere riconosciuto come un crimine di giurisdizione universale, soggetto ad essere perseguito da Tribunali diversi da quelli in cui era stato commesso, ma una tale concezione non ebbe successo.

L'esito degli accordi diede origine al già citato art. II della Convenzione sulla prevenzione e la punizione della Delitto di genocidio, adottato dall'Assemblea Generale il 9 Dicembre 1948[4], entrata in vigore poco più di due anni dopo, dopo venti ratifiche.

La Convenzione è stata descritta come la quintessenza del trattato sui diritti umani[5].

Tuttavia, rispetto a quando la Convenzione è stata emanata, la distinzione tra genocidio e crimini contro l'umanità è meno

---

[3] GA Res. 96 (I).

[4] *Convention on the Prevention and Punishment of the Crime of Genocide*, (1951) 78 UNTS 277 (https://treaties.un.org/doc/publication/unts/volume%2078/volume-78-i-1021-english.pdf).

[5] *Report of the International Law Commission on the Work of Its Forty-Ninth Session*, 12 Maggio–18 Luglio 1997, UN Doc. A/52/10, par. 76.

significativa, perché la definizione riconosciuta di reati contro l'umanità si è evoluta e, ora, si riferisce indiscutibilmente alle atrocità commesse sia in tempo di pace che in tempo di guerra. Al momento attuale, il genocidio costituisce la forma più aggravata di crimine contro l'umanità[6]

Il Tribunale Penale Internazionale per il Rwanda lo ha definito "*il crimine dei crimini*"[7]; non sorprende, quindi, che esso sia stato inserito nello Statuto di Roma senza modifiche sostanziali[8], anche se la letteratura sull'argomento è piena di proposte di

---

[6] N. Robinson *On the crime of genocide*, The Genocide Convention: A Commentary, New York: Institute of Jewish Affairs, 1960; P. Nicolaas Drost, *Genocide: United Nations Legislation on International Criminal Law*, 1959, Leiden: A. W. Sijthoff; W.A. Schabas, *Genocide in International Law: The Crime of Crimes*, 2nd ed., 2009, Cambridge: Cambridge University Press; P. Gaeta, *The Genocide Convention*, 2009, Oxford: Oxford University Press (Robinson, 1960) (Nicolaas-Drost, 1959) (Schabas, 2009) (Gaeta, 2009).

[7] Ex multis Prosecutor v. Kambanda (ICTR-97-23-S), 4 Settembre 1998, par. 16; Prosecutor v. Serashago (ICTR-98-39-S), 2 Febbraio 1999, par. 15 (Prosecutor v. Kambanda, 1998) (Prosecutor v. Serashago, 1999).

[8] UN Doc. A/CONF.183/C.1/SR.3, par. 2, 18 e 20 (Germania), par. 22 (Syria), par. 24 (Emirati Arabi Uniti), par. 26 (Bahrain), par. 28 (Giordania), par. 29 (Libano), par. 30 (Belgio), par. 31 (Arabia Saudita), par. 33 (Tunisia), par. 35 (Repubblica Ceca), par. 38 (Marocco), par. 40 (Malta), par. 41 (Algeria), par. 44 (India), par. 49 (Brasile), par. 54 (Danimarca), par. 57 (Lesotho), par. 59 (Grecia), par. 64 (Malawi), par. 67 (Sudan), par. 72 (Cina), par. 76 (Repubblica di Corea), par. 80 (Polonia), par. 84 (Trinidad e Tobago), par. 85 (Iraq), par. 107 (Thailandia), par. 111 (Norvegia), par. 113 (Costa d'Avorio), par. 116 (Sudafrica), par. 119 (Egitto), par. 122 (Pakistan), par. 123 (Messico), par. 127 (Libya), par. 132 (Colombia), par. 135 (Iran), par. 137 (USA), par. 141 (Djibouti), par. 143 (Indonesia), par. 145 (Spagna), par. 150 (Romania), par. 151 (Senegal), par. 153 (Sri Lanka), par. 157 (Venezuela), **par. 161 (Italia) "*Mr. POLITI (Italy) agreed that the text on genocide should be sent to the Drafting Committee and that conspiracy, incitement and attempt to commit genocide and complicity in genocide would be better addressed in Part 3*", "*(il Signor Politi (Italia) concorda che il testo sul genocidio dovrebbe essere inviato al Drafting Committee e che la cospirazione, l'incitamento e il tentativo di commettere genocidio nonché la complicità nel genocidio sarebbe meglio indirizzata alla parte 3*"**, par. 166 (Irlanda) and par. 172 (Turchia).

modifica della definizione di genocidio. Alla Conferenza di Roma, tuttavia, solo Cuba ha sostenuto che il delitto di genocidio potrebbe essere ampliato dall'inclusione di una classificazione per politica e gruppi sociali e dal riferimento alla condotta intenzionale[9].

Il genocidio è definito dall'articolo 6 dello Statuto di Roma, e la norma è, essenzialmente, una copia dell'articolo II della Convenzione sul genocidio. Tale previsione, anche se spesso criticata per essere eccessivamente restrittiva e difficile da applicare a molti casi di uccisioni di massa e atrocità, ha, tuttavia, superato la prova del tempo. La decisione della Conferenza di Roma di mantenere un testo vecchio di cinquant'anni è una prova convincente che l'articolo 6 dello Statuto costituisce una codificazione di una consuetudine internazionale norma.

Di seguito, il testo della norma:

"*Articolo 6: a) Genocidio mediante omicidio*

Elementi

1. Il colpevole ha ucciso una o più persone.

2. Tale persona o tali persone appartenevano a un particolare gruppo nazionale, etnico, razziale o religioso.

3. L'autore del reato intendeva distruggere, in tutto o in parte, quel gruppo nazionale, etnico, razziale o religioso in quanto tale.

4. La condotta ha avuto luogo nel contesto di un manifesto modello di condotta simile diretto contro quel gruppo o era una condotta che poteva essa stessa effettuare tale distruzione.

Articolo 6: (b) Genocidio causato da un grave danno fisico o mentale

Elementi

---

[9] *Ibidem*, par. 100: "*Mis Cueto (Cuba), mentre si trova d'accordo che le definizioni di genocidio nella bozza dello Statuto siano generalmente accettabili, tuttavia ritiene che esse possano essere ampliate includendo la classificazione di gruppi sociali e politici e con il riferimento alla condotta intenzionale*" ("*Ms. CUETO (Cuba), while agreeing that the provisions on genocide in the draft Statute were generally acceptable, thought that they could be expanded by the inclusion of social and political groupings and a reference to intentional conduct*").

1. L'autore del reato ha causato gravi danni fisici o mentali a una o più persone.

2. Tale persona o tali persone appartenevano a un particolare gruppo nazionale, etnico, razziale o religioso.

3. L'autore del reato intendeva distruggere, in tutto o in parte, quel gruppo nazionale, etnico, razziale o religioso in quanto tale.

4. La condotta ha avuto luogo nel contesto di un manifesto modello di condotta simile diretto contro quel gruppo o era una condotta che poteva essa stessa effettuare tale distruzione.

Articolo 6: (c) Genocidio mediante l'inflizione intenzionale di condizioni di vita calcolate per provocare la distruzione fisica

Elementi

1. L'autore del reato ha inflitto determinate condizioni di vita a una o più persone.

2. Tale persona o tali persone appartenevano a un particolare gruppo nazionale, etnico, razziale o religioso.

3. L'autore del reato intendeva distruggere, in tutto o in parte, quel gruppo nazionale, etnico, razziale o religioso in quanto tale.

4. Le condizioni di vita sono state calcolate per portare alla distruzione fisica di quel gruppo, in tutto o in parte.

5. La condotta ha avuto luogo nel contesto di un manifesto modello di condotta simile diretto contro quel gruppo o era una condotta che poteva essa stessa provocare tale distruzione.

Articolo 6: (d) Genocidio mediante l'imposizione di misure volte a prevenire le nascite

Elementi

1. L'autore ha imposto determinate misure a una o più persone.

2. Tale persona o tali persone appartenevano a un particolare gruppo nazionale, etnico, razziale o religioso.

3. L'autore del reato intendeva distruggere, in tutto o in parte, quel gruppo nazionale, etnico, razziale o religioso in quanto tale.

4. Le misure imposte erano intese a prevenire le nascite all'interno di tale gruppo.

5. La condotta ha avuto luogo nel contesto di un manifesto modello di condotta simile diretto contro quel gruppo o era una condotta che poteva essa stessa effettuare tale distruzione.

<u>Articolo 6: (e) Genocidio mediante trasferimento forzato di minori</u>

Elementi

1. L'autore del reato ha trasferito con la forza una o più persone.

2. Tale persona o tali persone appartenevano a un particolare gruppo nazionale, etnico, razziale o religioso.

3. L'autore del reato intendeva distruggere, in tutto o in parte, quel gruppo nazionale, etnico, razziale o religioso in quanto tale.

4. Il trasferimento è avvenuto da quel gruppo ad un altro gruppo.

5. La persona o le persone avevano meno di 18 anni.

6. L'autore del reato sapeva, o avrebbe dovuto sapere, che la persona o le persone avevano meno di 18 anni.

7. La condotta ha avuto luogo nel contesto di un manifesto modello di condotta simile diretto contro quel gruppo o era una condotta che poteva essa stessa effettuare tale distruzione"[10].

---

[10] "*Article 6: (a) Genocide by killing*

Elements

1. The perpetrator killed one or more persons.

2. Such person or persons belonged to a particular national, ethnical, racial or religious group.

3. The perpetrator intended to destroy, in whole or in part, that national, ethnical, racial or religious group, as such.

4. The conduct took place in the context of a manifest pattern of similar conduct directed against that group or was conduct that could itself effect such destruction.

Article 6: (b) Genocide by causing serious bodily or mental harm

Elements

1. The perpetrator caused serious bodily or mental harm to one or more persons.

2. Such person or persons belonged to a particular national, ethnical, racial or religious group.

3. The perpetrator intended to destroy, in whole or in part, that national, ethnical, racial or religious group, as such.

4. The conduct took place in the context of a manifest pattern of similar conduct directed against that group or was conduct that could itself effect such destruction.

Article 6: (c) Genocide by deliberately inflicting conditions of life calculated to bring about physical destruction

Come si può notare dalla lettura dell'articolo, il genocidio è costituito da cinque atti specifici (uccidere i membri del gruppo; causare gravi danni fisici o mentali ai membri del gruppo; imporre condizioni al gruppo calcolate per distruggerlo; impedire le nascite all'interno del gruppo; trasferire con la forza i bambini dal gruppo ad un altro gruppo) commessi con l'intento di distruggere un gruppo nazionale, etnico, razziale o religioso in quanto tale. Questa definizione è stata incorporata nei codici penali di molti Stati, ma

---

Elements
1. The perpetrator inflicted certain conditions of life upon one or more persons.
2. Such person or persons belonged to a particular national, ethnical, racial or religious group.
3. The perpetrator intended to destroy, in whole or in part, that national, ethnical, racial or religious group, as such.
4. The conditions of life were calculated to bring about the physical destruction of that group, in whole or in part.
5. The conduct took place in the context of a manifest pattern of similar conduct directed against that group or was conduct that could itself effect such destruction.
Article 6: (d) Genocide by imposing measures intended to prevent births
Elements
1. The perpetrator imposed certain measures upon one or more persons.
2. Such person or persons belonged to a particular national, ethnical, racial or religious group.
3. The perpetrator intended to destroy, in whole or in part, that national, ethnical, racial or religious group, as such.
4. The measures imposed were intended to prevent births within that group.
5. The conduct took place in the context of a manifest pattern of similar conduct directed against that group or was conduct that could itself effect such destruction.
Article 6: (e) Genocide by forcibly transferring children
Elements
1. The perpetrator forcibly transferred one or more persons.
2. Such person or persons belonged to a particular national, ethnical, racial or religious group.
3. The perpetrator intended to destroy, in whole or in part, that national, ethnical, racial or religious group, as such.
4. The transfer was from that group to another group.
5. The person or persons were under the age of 18 years.
6. The perpetrator knew, or should have known, that the person or persons were under the age of 18 years.
7. The conduct took place in the context of a manifest pattern of similar conduct directed against that group or was conduct that could itself effect such destruction" Statuto di Roma, https://www.icc-cpi.int/resource-library#coreICCtexts (ICC, https://www.icc-cpi.int/resource-library#coreICCtexts, s.d.)

solo alla fine del 1998, dopo l'adozione dello Statuto di Roma, sono state emesse prime sentenze significative da parte dei Tribunali *ad hoc* che si occupano dell'interpretazione della norma.

Si dice spesso che ciò che distingue il genocidio da tutti gli altri crimini è il suo elemento mentale, descritto come *dolus specialis* o *special intent.* In effetti, tutti e tre i crimini definiti dallo Statuto di Roma (genocidio, crimini di guerra e crimini contro l'umanità) prevedono un'azione penale per omicidio. Ciò che distingue il genocidio dai crimini contro l'umanità e dai crimini di guerra è che l'atto, sia esso un delitto o uno degli altri quattro atti definiti dall'articolo 6, deve essere commesso con l'intento di distruggere in tutto o in parte un gruppo nazionale, etnico, razziale o religioso in quanto tale.

L'intento del colpevole deve essere quello di "distruggere" il gruppo. Durante i dibattiti sull'adozione della Convenzione sul genocidio, le forme di distruzione sono state raggruppate in tre categorie: fisica, biologica e culturale. Il genocidio culturale è stato il più problematico dei tre, perché poteva ben essere interpretato in modo da includere la soppressione delle lingue nazionali e misure simili e alla fine è stato escluso.

Tuttavia, si può sostenere che un'interpretazione contemporanea della definizione di genocidio non dovrebbe essere vincolata all'intento dei redattori del 1948: infatti, nella sua accezione più moderna, la parola "distruggere" può facilmente sopportare il concetto di genocidio culturale oltre che fisico e biologico. Le recenti decisioni del Tribunale penale internazionale per l'ex Jugoslavia[11] e della Corte costituzionale tedesca[12] suggeriscono che la legge potrebbe essere in evoluzione in questa direzione; però altre sentenze, tra cui quella del Febbraio 2007 della

[11] Prosecutor v. Krstić (IT-98-33-T), 2 Agosto 2001, par. 580; Prosecutor v. Krstić (IT-98-33-A), 19 Aprile 2004 (Prosecutor v. Krstic, 2001) (Prosecutor v. Krstic, 2004).

[12] Nikolai Jorgic, Bundesverfassungsgericht (Federal Constitutional Court), Fourth Chamber, Second Senate, 12 Dicembre 2000, 2 BvR 1290/99, par. (III)(4)(a)(aa) (Prosecutor v. Nikolai Jorgic, 2000).

Corte Internazionale di Giustizia[13], adottano un'interpretazione più restrittiva[14]. In ogni caso, l'evidenza di un "genocidio culturale" si è già dimostrata un importante indicatore dell'intento di perpetrare un genocidio fisico[15].

La definizione di genocidio non contiene alcun requisito formale per la quale gli atti punibili devono essere commessi nell'ambito di un'azione diffusa o di un attacco sistematico, o come parte di un piano generale o organizzato per distruggere il gruppo-vittima.

Questa sembrerebbe, tuttavia, una caratteristica implicita del crimine di genocidio, anche se nel caso Jelisić il Tribunale Penale Internazionale per l'ex Jugoslavia ha preso in considerazione l'ipotesi del maniaco genocida solitario[16]. Nello stesso caso, però, la Camera d'appello ha confermato che "*l'esistenza di un piano o di una politica non è un 'ingrediente' legale del crimine. Tuttavia, nel contesto della prova l'esistenza di un piano o di una politica può diventare un importante fattore nella maggior parte dei casi*"[17]. In altri termini: l'esistenza di un piano volto alla commissione di un genocidio o di una politica genocida non è un fattore fondamentale del delitto in sé stesso, ma possono diventare importanti nel momento in cui, durante lo svolgimento del processo, e soprattutto nella sua fase istruttoria, occorre provare l'intento genocida.

La Commissione del Darfur, istituita dalle Nazioni Unite nel 2004, ha concluso che il genocidio non è stato commesso in Sudan

---

[13] Bosnia and Herzegovina v. Serbia and Montenegro, *Application of the Convention on the Prevention and Punishment of the Crime of Genocide*, 26 Febbraio 2007, par. 187 (Bosnia, Herzegovina v. Serbia, Montenegro, 2007).

[14] Prosecutor v. Brdjanin (IT-99-36-T), 1 Settembre 2004 (Prosecutor v. Brdjanin, 2004).

[15] Prosecutor v. Karadžić and Mladić (IT-95-5-R61, IT-95-18-R61), *Consideration of the Indictment within the Framework of Rule 61 of the Rules of Procedure and Evidence*, 11 Luglio 1996, par. 94 (Prosecutor v. Karadzic e Mladic, 1996).

[16] Prosecutor v. Jelisić (IT-95-10-T), 14 Dicembre 1999, par. 100 (Prosecutor v. Jelisic, 1999).

[17] Prosecutor v. Jelisić (IT-95-10-A), 5 Luglio 2001, par. 48 (Prosecutor v. Jelisic, 2001).

essenzialmente perché non ha trovato prove di un piano o di una politica di Stato in tal senso[18]: ecco dunque spiegata la necessità di costruire le prove in maniera attenta e scrupolosa.

Probabilmente in reazione alla posizione assunta presso il Tribunale jugoslavo, gli *Elements of crimes* (Elementi del crimine) adottati dall'Assemblea degli Stati Parte richiedono che un atto di genocidio "*abbia avuto luogo nel contesto di un manifesto modello di comportamento simile diretto contro quel gruppo o si è trattato di un comportamento che potrebbe esso stesso effettuare tale distruzione*"[19].

Con le parole "*in tutto o in parte*", la definizione indica una dimensione quantitativa, nel senso che la quantità di vittime prevista deve essere significativa, nel senso di numerosa, e l'intento di uccidere solo pochi membri di un gruppo non può essere considerato un genocidio. L'opinione prevalente è che, quando solo una parte di un gruppo viene distrutta, deve essere una parte "*sostanziale*"[20].

Sul punto c'è molta confusione, perché si pensa spesso che ci sia una precisa soglia numerica di vittime reali prima che si possa parlare di genocidio, ma ciò che è importante non è il numero effettivo delle vittime, ma il fatto che l'autore del reato intendesse distruggere un gran numero di membri del gruppo: quindi non è tanto il numero delle vittime, potenziale o effettivo, quanto la coscienza e volontà (dolo) di voler distruggere un gruppo etnico, religioso, politico o altro.

Dove il numero delle vittime diventa veramente significativo è nella prova di un tale intento genocida. Maggiore è il numero di vittime reali, più logica è la conclusione che l'intento fosse quello di distruggere il gruppo "nel suo complesso" o "in parte".

È emersa un'altra interpretazione con la quale si commette

---

18 *Report of the International Commission of Inquiry on Violations of International Humanitarian Law and Human Rights Law in Darfur*, UN Doc. S/2005/60, par. 518 (Nations, 2005)

19 *Elements of Crimes*, ASP/1/3, pp. 113–15 (ICC, Elements of crimes).

20 Prosecutor v. Jelesić (IT-95-10-T), cit. par. 82.

genocidio anche se una "parte significativa" del gruppo-vittima viene distrutta; essa può essere costituita da persone di "speciale significato" per il gruppo, quali ad esempio il leader[21], anche se in un caso una Trial Chamber del Tribunale jugoslavo ha esteso l'approccio ai militari[22] Alcune sentenze hanno anche stabilito che il reato può essere commesso in un'area geografica molto piccola contro un gruppo definito all'interno dei suoi confini, come la popolazione musulmana della città di Srebrenica, che è stata attaccata dalle forze serbo-bosniache nel Luglio 1995[23].

La distruzione deve essere diretta ad uno dei quattro gruppi elencati nella definizione: nazionale, etnica, razziale o religiosa. L'enumerazione è stata spesso criticata a causa della sua portata limitata, e l'insoddisfazione per la ristrettezza dei quattro termini si è riflessa nella prima condanna per genocidio dal Tribunale penale internazionale per il Rwanda il quale ha dichiarato che gli estensori della Convenzione sul Genocidio hanno inteso che la definizione si applicasse a tutti i gruppi "permanenti e stabili", un'interpretazione discutibile perché va molto chiaramente al di là del testo[24]. La definizione di gruppo "stabile e permanente" in relazione al genocidio non è stata seguita da altre Camere del Tribunale Penale Internazionale per il Rwanda e dal Tribunale penale internazionale per l'ex Jugoslavia[25].

I quattro termini stessi (gruppo nazionale, etnico, razziale o religioso) non sono facili da definire; inoltre, il comune il significato

---

[21] Prosecutor v Sikirica et al. (IT-95-8-I), *Judgment on Defence Motions to Acquit*, 3 Settembre 2001, par. 80 (Prosecutor v. Sikirica et al., 2001).
[22] Prosecutor v. Krstić (IT-98-33-T), cit., par. 595.
[23] *Ibidem*, par. 590.
[24] Prosecutor v. Akayesu (ICTR-96-4-T), 2 Settembre 1998, par. 515. Ma, in altri casi prima di questo, il Tribunale del Rwanda non ha adottato un tale approccio: Prosecutr v, Kayishema and Ruzindana (ICTR-95-1-T), 21 Maggio 1999, par. 94; Prosecutor v. Rutaganda (ICTR-96-3-T), 6 Dicembre 1999.
[25] Si veda, tuttavia, la Commissione del Darfur, che approva questo approccio: Rapporto della Commissione internazionale d'inchiesta sulle violazioni del diritto internazionale umanitario e dei diritti umani nel Darfur, UN Doc. S/2005/60, par. 498.

di concetti come “gruppi razziali” è cambiato notevolmente dal 1948 ad oggi. Considerati nel loro insieme, essi corrispondono strettamente a ciò che la legge sui diritti umani definisce minoranze etniche o nazionali, espressioni che a loro volta sfuggono ad una precisa definizione. La vera difficoltà nel cercare di trovare una descrizione precisa dei termini è che essa fa affidamento su una concezione oggettiva dei gruppi protetti. Quasi senza eccezioni, i Tribunali internazionali hanno optato per un approccio soggettivo, con il quale i gruppi sono definiti in base agli atteggiamenti di coloro che li perseguitano, piuttosto che in base ad alcuni elenchi scientifici di parametri verificabili.

La descrizione del crimine di genocidio si conclude con le sconcertanti parole “come tali”. Queste furono aggiunte nel 1948 come compromesso con gli Stati che ritenevano che il genocidio richiedesse non solo un elemento intenzionale ma anche un movente.

Tuttavia, i due concetti (elemento intenzionale e movente) non sono equivalenti: gli individui possono commettere crimini intenzionalmente, ma per una serie di motivi: avidità, gelosia, odio e così via. La prova del movente crea un ulteriore ostacolo ad un’azione penale efficace, ed è per questo motivo che diverse delegazioni si opponevano a richiederlo come elemento fondante del crimine.

Secondo il Tribunale Penale Internazionale per il Rwanda, le parole “in quanto tali” sono “un importante elemento di genocidio”, e sono state incluse nella Convenzione del 1948 al fine di conciliare le opinioni divergenti sul fatto che il movente dovrebbe essere un elemento del reato: “*il termine ‘in quanto tale’ ha l’effetto utile di distinguere chiaramente tra omicidi di massa e crimini in cui il colpevole prende di mira un gruppo specifico a causa della sua nazionalità, razza, etnia o religione. In altre parole, (…) chiarisce il requisito dell’intento specifico. Non vieta una condanna per genocidio in un caso in cui il colpevole era anche spinto da altre motivazioni giuridicamente irrilevanti in questo contesto*"[26].

La definizione dell'elemento mentale, o *mens rea*, del reato di genocidio, che si trova nel cappello della disposizione, è seguita da cinque paragrafi che elencano gli atti punibili come genocidio. L'elenco è esaustivo e non può essere adeguatamente esteso ad altri atti di persecuzione diretti contro le minoranze etniche.

L'uccisione è al centro della definizione ed è senza dubbio il più importante dei cinque atti di genocidio. I Tribunali *ad hoc* hanno ritenuto che il termine omicidio sia sinonimo di omicidio intenzionale[27] (anche se gli *Elements of crimes* dicono che il termine "uccidere" è intercambiabile con "causare la morte", il che sembra lasciare spazio al cd. omicidio involontario).

Il secondo atto di genocidio, il causare gravi danni fisici o mentali, si riferisce ad atti di violenza maggiore che non sono esitati nell'omicidio. Nella decisione Akayesu, il Tribunale del Rwanda ha ritenuto lo stupro come un esempio di tali atti. Gli *Elements* sono ancora più dettagliati, affermando che tali comportamenti possono includere "*atti di tortura, stupro, violenza sessuale o trattamento inumano o degradante*"[28]. Il terzo atto di genocidio, che impone condizioni di vita calcolate per distruggere il gruppo, si applica a casi come le marce forzate della minoranza armena in Turchia nel 1915. Ma nessuno degli atti definiti all'articolo 6 può essere definito genocidio se non accompagnato dall'intento specifico, caso nel quale l'accusa ricade sotto il cappello dei crimini contro l'umanità o di guerra.

---

[26] Prosecutor v. Niyitegeka (ICTR-96-14-A), par. 53 (Prosecutor v. Niyitegeka).
[27] Prosecutor v. Akayesu (ICTR-96-4-T), cit. par. 228–229.
[28] *Elements of Crimes*, Art. 6(b), par. 1, n. 3.

Gli stupri di guerra

Introduzione.

Con stupri di guerra si intendono gli stupri commessi da soldati, altri combattenti o civili durante un conflitto armato, una guerra o un'occupazione militare e che vanno distinti da violenze sessuali commesse tra soldati in servizio attivo. Nella categoria "stupri di guerra" rientrano anche le situazioni nelle quali le donne sono costrette a prostituirsi o a diventare schiave sessuali dalle forze occupanti, come nel caso delle *comfort women* durante la Seconda guerra mondiale.

Nel corso di guerre e conflitti armati, gli stupri sono usati di frequente come strumento di prevaricazione psicologica nel tentativo di umiliare il nemico e minare il suo morale. Le violenze sessuali sono spesso sistematiche e complete, e i comandanti possono realmente incoraggiare i loro soldati ad usare violenza nei confronti dei civili. Queste violenze possono accadere in diverse situazioni, inclusa l'istituzionalizzazione della schiavitù sessuale, stupri associati a specifiche battaglie o massacri e atti individuali o isolati di violenza. Gli stupri di guerra comprendono anche violenze sessuali di gruppo e violenze con obiettivi specifici, sempre durante un conflitto armato e con soldati come autori delle violenze stesse.

Lo stupro di guerra e la schiavitù sessuale sono oggi riconosciuti dalle convenzioni di Ginevra come crimini contro l'umanità e crimini di guerra. Lo stupro oggi è anche affiancato al crimine di genocidio quando commesso con l'intento di distruggere, in parte o totalmente, un gruppo specifico di individui.

Il genocidal rape nella teoria.

Le donne vivono il conflitto armato e la repressione in modi diversi dagli uomini. In particolare, "*le donne sono violentate in modi che gli uomini non sono, o lo sono raramente*"[29].

Lo stupro e altre forme di violenza sessuale contro le donne sono stati a lungo utilizzati come armi da guerra e come strumenti per soggiogare intere comunità. Come ha scritto Susan Brownmiller: "*lo stupro di un oggetto doppiamente disumanizzato - come donna, come nemico - porta con sé una sua terribile logica. In un atto di aggressione, lo spirito collettivo delle donne e della nazione viene spezzato, lasciando un ricordo molto tempo dopo la partenza delle truppe. E se sopravvive all'aggressione, cosa diventa per il suo popolo la vittima di uno stupro in tempo di guerra? La prova della bestialità del nemico. Simbolo della sconfitta della sua nazione. Un paria. Una proprietà danneggiata. Una pedina nelle sottili guerre della propaganda internazionale*"[30].

Il Codice Lieber del 1863, uno dei primi sforzi per codificare le leggi di guerra, definì lo stupro come un crimine di guerra, rifiutando l'opinione abituale secondo cui l'aggressione sessuale da parte del nemico era un inevitabile danno collaterale, o, al più, una legittima tattica di guerra. Nonostante questo inizio promettente, molti moderni trattati di diritto umanitario internazionale proibiscono eufemisticamente la violenza sessuale come violazione della dignità o dell'onore piuttosto che come crimine di aggressione contro l'integrità fisica della vittima. Anche quando il diritto positivo riconosce lo stupro come un crimine internazionale, i procedimenti giudiziari possono essere rari quando la commissione di uno stupro è invisibile, considerata inevitabile o banalizzata. Ad esempio, l'atto d'accusa e la sentenza del processo di Norimberga non menzionano lo stupro, anche se le prove delle violenze sono state messe a verbale. Il contemporaneo Tribunale di Tokyo ha ritenuto i funzionari giapponesi responsabili del mancato controllo delle loro truppe, anche durante il letterale e metaforico "Stupro di Nanchino", tuttavia, il processo ha taciuto sulla schiavitù sessuale

---

[29] C.A. MacKinnon, *Crimes of War, Crimes of Peace*, in On human rights: the Oxford amnesty lectures, S. Shute, S. Hurley eds., 1993, pp. 83-85 (MacKinnon, 1993).

[30] S. Brownmiller, *Making Female Bodies the Battlefield*, Newsweek, 4 Gennaio 1993, p. 37 (Brownmiller, 1993).

subita dalle cosiddette *comfort women*, e le vittime continuano a cercare giustizia ancora oggi.

Le moderne definizioni dei crimini internazionali includono ormai abitualmente lo stupro e altre forme di violenza sessuale, ma Jean Paul Akayesu è stato il primo ad essere processato per aver utilizzato lo stupro come atto di genocidio.

L'idea che gli atti di stupro e altre forme di violenza sessuale potessero essere intesi come genocidio, oltre che come crimini contro l'umanità e di guerra, è stata discussa per la prima volta in relazione alla violenza nella ex Jugoslavia.

Allo scoppio della guerra, emersero notizie, riportate dai giornalisti e da gruppi di donne, secondo cui le donne musulmane bosniache e, in misura minore, croate, erano detenute in una rete di campi di stupro o erano state ingravidate con la forza da aggressori serbi con l'intento di far nascere bambini serbi.

Soprattutto, un Relatore Speciale nominato dalla Commissione per i Diritti Umani delle Nazioni Unite ebbe ad evidenziare l'uso deliberato ed esteso dello stupro nell'ex Jugoslavia come attacco ad una singola vittima e anche come metodo di pulizia etnica "*inteso ad umiliare, vergognare, degradare e terrorizzare l'intero gruppo etnico*"[31]. Dalla documentazione sono emerse prove che i soldati serbo-bosniaci avevano ricevuto l'ordine di impiegare lo stupro per demoralizzare le forze musulmane e massimizzare la vergogna e l'umiliazione della comunità musulmana; vi erano anche prove che i soldati serbi cercavano di alterare il profilo demografico del Paese costringendo le donne a portare a termine la gravidanza. Le prime cause legali per dichiarare lo stupro come genocidio sono state quelle intentate a New York contro Radovan Karadžić, l'autoproclamato presidente della

---

[31] T. Mazowiecki, *Report on the Situation of Human Rights in the Territory of the Former Yugoslavia*, allegato 57, U.N. Doc. A/48/92-S/25341 (10 Febbraio 1993) (Mazowiecki, 1993). Cfr. anche la relazione finale della Commissione di esperti istituita ai sensi della risoluzione 780 del C.S. (1992), U.N. Doc. S/1994/674 (27 Maggio 1994) che descrive anche la pratica sistemica dello stupro.

Republika Srpska, in cui entrambi i gruppi di querelanti hanno ottenuto sentenze in contumacia contro l'imputato[32].

Le accuse di diffusa violenza sessuale nell'ex Jugoslavia mobilitarono la comunità femminista a livello globale, ma soprattutto negli Stati Uniti, per sostenere la creazione di un vigoroso sistema di giustizia internazionale per perseguire tali crimini: studiose e attiviste hanno concettualizzato il crimine di *genocidal rape* come un modo per danneggiare fisicamente e psicologicamente le singole vittime e, allo stesso tempo, minare e denigrare il gruppo o la comunità a cui le donne appartenevano. Il concetto di *genocidal rape* era necessario per contrastare la tendenza, all'interno del diritto penale internazionale, a caratterizzare gli atti di stupro come crimini di guerra isolati o a trascurarli oppure a considerarli come danni collaterali rispetto a questioni di reale interesse internazionale: la perpetrazione di una guerra aggressiva, la pulizia etnica o il genocidio.

Scriveva Katherine MacKinnon che le aggressioni sessuali erano viste "*o come genocidio o come stupro, o come femicidio ma non come genocidio, non come stupro, non come una forma di genocidio specificamente diretto alle donne. Un atto di stupro è visto o come parte di una campagna della Serbia contro la non-Serbia o come un attacco dei combattenti contro i civili, ma non come un attacco degli uomini contro le donne. Oppure, nella visione femminista, diventa solo un altro esempio di aggressione da parte di tutti gli uomini contro tutte le donne, piuttosto che quello che è, che è uno stupro da parte di certi uomini contro certe donne*"[33].

Come hanno rivelato diverse fonti, gli stupri in Rwanda sono stati commessi su vasta scala. Sebbene sia impossibile raccogliere statistiche accurate[34], le stime vanno da 250.000 a 500.000 stupri

---

32 Kadić v. Karadžić, 70 F.3d 232, 236-37 (2d Cir. 1995): "*varie atrocità, tra cui brutali atti di stupro, prostituzione forzata, impregnazione forzata, tortura ed esecuzione sommaria, compiuti dalle forze militari serbo-bosniache nell'ambito di una campagna di genocidio condotta nel corso della guerra in Bosnia*".

33 Op. cit., pag. 88.

34 A. Obote-Odora, *Rape and Sexual Violence in International Law: ICTR*

durante il periodo del genocidio[35].

Lo stupro in Rwuanda è stato anche accompagnato da mutilazioni sessuali e torture: donne e ragazze sono state spesso letteralmente violentate a morte da carnefici che brandivano machete, bastoni affilati, bottiglie rotte e altri strumenti. Al maggiore Brent Beardsley, l'assistente del generale maggiore Dallaire, una volta è stato chiesto di descrivere i cadaveri delle donne che ha visto. Egli rispose: "*quando massacrarono le donne, sembrava che i colpi che le avevano uccise fossero diretti agli organi sessuali, sia al seno che alla vagina; erano stati deliberatamente strisciati o tagliati in quelle zone (…) a partire dai sei, sette anni di età, le loro vagine erano state divise e gonfiate per un evidente stupro di gruppo multiplo, ed erano state uccise in quella posizione*"[36].

Altre donne erano tenute come "mogli" in una forma di schiavitù sessuale; molte sono state rese sterili o sieropositive a causa della violenza sessuale.

Nell'ex Jugoslavia, il mettere forzatamente incinta una donna era un segno distintivo della violenza sessuale e un punto chiave per lo stupro come genocidio.

Nel contesto rwandese, l'enfasi sulle conseguenze riproduttive dello stupro era meno saliente; la maggior parte delle donne sono state uccise o lasciate morire dopo essere state

---

Contributions, Journal of international and comparative Law, 2005, 135, pag. 141 scrive: "*i reati a sfondo sessuale non sono facilmente identificabili, come le ferite d'arma da fuoco o gli arti amputati. Questo perché questi crimini infliggono ferite fisiche e psicologiche, che le donne possono nascondere per evitare ulteriori angosce emotive, ostracizzazioni e ritorsioni da parte degli autori che possono vivere nelle vicinanze. Le stime basate sulle gravidanze non tengono conto delle donne le cui ferite hanno impedito loro di concepire un figlio, né del numero di donne che hanno subito stupri multipli e stupri di gruppo*" (Obote-Odora, 2005).

[35] Special Rapporteur of the Commission on Human Rights, par. 20 of S.C. Res. S-3/1; Report on the Situation of Human Rights in Rwanda, par. 16, E/CN.4/1996/68 (http://hrlibrary.umn.edu/commission/country52/68-rwa.htm).

[36] B. Nowrojee, *Your Justice is Too Slow: Will the ICTR Fail Rwanda's Rape Victims?*, United Nations Research Institute for Social Development Occasional Paper 10, 15 Novembre 2005 (Nowroiijee, 2005).

stuprate; molte di quelle che sono sopravvissute alle violenze sono rimaste incinte. L'impossibilità di abortire in un Paese, in gran parte cattolico, ha portato alla nascita di innumerevoli "*enfants de mauvais souvenir*", i "*figli di cattivi ricordi*"[37].

Le prove presentate prima che cominciasse il processo Akayesu nanti la Corte, hanno rivelato che gli aderenti all'Hutu Power avevano preso di mira le donne sia in base al loro genere che alla loro etnia, e ciò era reso tanto più evidente dalla propaganda di odio esplicitamente di genere impiegata dagli aderenti a questo partito nei mesi precedenti il genocidio, che diffamava le donne Tutsi come emblema dell'egemonia di quella etnia e invitava ad abusarne come un modo per distruggere la comunità Tutsi.

I Dieci Comandamenti degli Hutu, un tratto ideologico estremista pubblicato in Kangura, conteneva quattro comandamenti che denigravano le donne Tutsi, uno dei quali avvertiva che "*Una donna Tutsi (...) lavora per gli interessi della sua etnia Tutsi. Di conseguenza, considereremo un traditore qualsiasi Hutu che sposa una donna Tutsi, fa amicizia con una donna Tutsi, o assume una donna Tutsi come segretaria o concubina*"[38]. Il trattato avvertiva anche che i Tutsi "*non esiteranno a trasformare le loro sorelle, mogli e madri in pistole*" per conquistare il Rwanda[39]. Nell'iconografia e nella retorica della propaganda Hutu, le donne Tutsi sono state demonizzate come "infiltrate" sessuali intente a minare il potere Hutu. In una causa contro il caporedattore di Kangura, la Trial Chamber ha notato che questa propaganda di saturazione ha creato un quadro che "*rendeva l'attacco sessuale delle donne Tutsi una conseguenza prevedibile*"[40]. Questa

---

[37] E. Wax, *Rwandans Are Struggling to Love Children of Hate*, Washington Post, 28 Marzo 2001 (Wax, 2001)

[38] S. Power, *A problem from hell: America and the age of genocide*, 2002, New York: Basic Books, p. 338.

[39] *Human rights watch*, cit.

[40] Procuratore contro Nahimana, Barayagwiza, e Ngeze, causa n. ICTR-99-52-T, sentenza 3 Dicembre 2003, al paragrafo. 118: "*La Camera osserva che le donne*

divulgazione conferma che gli atti di stupro e altre violenze sessuali non erano un mero "effetto collaterale" del conflitto armato tra l'esercito rwandese e la RPF, ma erano invece "*parte integrante di una campagna genocida*".

L'improvvisa attenzione per il genocidal rape ha sollevato preoccupazioni tra i membri della comunità legale femminista che hanno sottolineato come la fissazione sull'elemento etnico del crimine avrebbe oscurato la natura di genere di questo delitto, che rappresenta un'intersezione tra violenza etnica e quella sessualizzata e che riconoscere e punire la violenza sessuale solo quando è una forma di genocidio rischia di "rendere di nuovo invisibile lo stupro". Rhonda Copelon ha scritto: "*dobbiamo far emergere il genere nel bel mezzo di un genocidio e allo stesso tempo evitare il pensiero dualistico. Dobbiamo esaminare criticamente l'affermazione che lo stupro come strumento di 'pulizia etnica' è unico, peggiore o ineguagliabile rispetto ad altre forme di stupro in guerra o in pace anche se riconosciamo che lo stupro accoppiato al genocidio infligge danni multipli (...). Esagerare il carattere distintivo dello stupro genocida evita l'atrocità dello stupro comune*"[41].

Al contrario, i sostenitori del riconoscimento del *genocidal rape* hanno affermato che vedere il sesso/genere come l'unico vettore su cui si può commettere violenza in un atto di stupro non tiene conto del fatto che le donne possono essere viste, e possono vedere se stesse, come qualcosa di più che membri di un gruppo etnico assediato e come portatrici di un particolare sesso/genere, specialmente nel contesto di una guerra interetnica.

Mentre lo stupro avviene in guerra come in pace, lo stupro genocida è più spesso unidirezionale, commesso dal gruppo aggressore contro il gruppo vittima. Questa asimmetria smentisce

---

Tutsi, in particolare, sono state oggetto di persecuzione. La rappresentazione della donna Tutsi come una femme fatale, e il messaggio che le donne Tutsi erano agenti seduttori del nemico è stato trasmesso ripetutamente da RTLM e Kangura" (Prosecutor v. Nahimana, Brayagwiza e Ngeze, 2003).

41 R. Copelon, *Gendered War Crimes: Reconceptualizing Rape in a Time of War*, in Women's rights, human rights: international feminist perspectives, J.S. Peters, A. Wolper (eds.), 1995, p. 204 (Copelon, 1995).

l'attribuzione delle colpe esclusivamente in base al genere e, quindi, equipara la responsabilità di tutte le parti in conflitto.

Lo sfruttamento dell'identità femminile in una società multietnica fornisce, quindi, un fattore chiave per differenziare lo stupro genocida da quello "ordinario" in guerra o in pace. Inoltre, i sostenitori del concetto affermano che il *genocidal rape* è quasi inevitabilmente il risultato di una politica o di una strategia deliberata di un gruppo di perpetratori[42] per distruggere, in tutto o in parte, un gruppo protetto attraverso attacchi alle donne come segmento vulnerabile e diviso di una comunità.

Un singolo atto di stupro può implicare molteplici violazioni del diritto penale internazionale, ma è questo eccesso di intenti inerenti al crimine di genocidio che distingue anche il *genocidal rape* dallo stupro perpetrato come crimine di guerra o crimine contro l'umanità, o quello commesso come atto di persecuzione di genere.

La nozione di *genocidal rape* era quindi di grande preoccupazione per le accademiche e le attiviste femministe. Solo con il processo contro Jean Paul Akayesu questa concezione della violenza sessuale come atto inteso alla perpetrazione del genocidio è stata discussa per la prima volta e, alla fine, si è basata sulla giurisprudenza del diritto penale internazionale.

---

42 C.A. MacKinnon, op. cit., pag. 89 scrive: "*si tratta di stupro etnico come politica di guerra ufficiale (…). È uno stupro sotto ordini (…). È lo stupro come strumento di esilio forzato (…). È lo stupro per essere visto e sentito dagli altri, lo stupro come spettacolo. È lo stupro per distruggere un popolo, per guidare un cuneo attraverso una comunità. È lo stupro della misoginia liberata dalla xenofobia e scatenata dal comando ufficiale*".

PARTE II: IL CASO PROSECUTOR VS. JEAN PAUL AKAYESU.

Chi è Jean Paul Akayesu.

Jean Paul Akayesu era stato nominato borgomastro del comune di Taba nell'Aprile 1993, un centro abitato situato a soli 11 miglia dalla capitale del Rwanda, Kigali, tra dolci colline di banane e campi di caffè. Nella sua qualità, egli era responsabile del mantenimento dell'ordine pubblico, esercitava il controllo esclusivo sulla polizia locale del comune e una certa autorità su tutti i gendarmi (membri delle forze di polizia nazionali) inviati nella zona[43].

Sebbene in origine abbia resistito al genocidio in corso nella sua regione, sembra che in seguito Akayesu abbia capito che le sue fortune politiche dipendevano dalla sua decisione di unirsi al carro del vincitore, e così cambiò "rotta".

Sul punto nella ricostruzione dei fatti, scrive la Corte: "*(...) è stata presentata una notevole quantità di prove che indicano che la condotta dell'Accusato è però significativamente cambiata dopo l'incontro del 18 Aprile 1994, e molti testimoni, (...) hanno confermato la collaborazione fra egli e l'Interahamwe a Taba dopo questa data. Il testimone A ha dichiarato di essere rimasto sorpreso nel vedere che l'accusato era diventato un amico dell'Interahamwe. L'imputato sostiene di essere stato sopraffatto. Il testimone DAX e il testimone DBB, entrambi della difesa, hanno testimoniato che l'Interahamwe aveva minacciato di uccidere l'imputato se non avesse collaborato con loro. L'accusato stesso ha testimoniato di essere stato costretto*

---

43 "*Secondo l'imputato, i compiti di un borgomastro erano diversi. In breve, egli era responsabile della complessità della vita all'interno del comune in termini di economia, infrastrutture, mercati, assistenza medica e vita sociale in generale. Tradizionalmente il ruolo del borgomastro era sempre stato quello di agire come rappresentante del Presidente nel comune. Pertanto, l'avvento del multipartitismo non ha modificato in modo particolare la notevole quantità di poteri non ufficiali conferiti al borgomastro dal popolo del comune. Egli era il capo del comune e comunemente veniva trattato con grande rispetto e deferenza da parte della popolazione*", Akayesu, Case No. ICTR-96-4-T, par. 54.

dall'Interahamwe e in particolare da Silas Kubwimana, il capo dell'Interahamwe con cui era stato visto molto spesso in questo periodo. La Camera osserva che nel suo scritto preprocessuale l'imputato ha fornito un resoconto molto diverso a proposito di Silas Kubwimana, descrivendo il suo mandato nel comune come quello di un 'costruttore di pace'.

La Camera riconosce le difficoltà che un borgomastro incontra nel tentativo di salvare la vita del popolo Tutsi nel periodo in questione. Il testimone dell'accusa R, che era il bourgmestre di un altro comune, nella prefettura di Gitarama, ha affermato che c'era molto poco che lui o altri borgomastri potessero fare per prevenire i massacri nel proprio comune una volta che gli omicidi si sono diffusi dopo il 18 Aprile 1994. Che come bourgmestre, egli ha evitato di combattere apertamente le uccisioni dopo quella data o avrebbe rischiato di essere ucciso; quel poco che poteva fare doveva essere fatto clandestinamente. Secondo la difesa questo è proprio quello che ha fatto l'imputato.

I testimoni della difesa, DAAX, DAX, DCX, DBB e DCC confermano che l'imputato non è riuscito a prevenire gli omicidi dopo il 18 Aprile 1994 e hanno espresso l'opinione che non era possibile per lui fare qualsiasi cosa con dieci poliziotti comuni a sua disposizione contro più di cento Interahamwe.

La difesa sostiene che, nonostante le pressioni dell'Interahamwe, l'accusato ha continuato a salvare vite umane dopo il 18 Aprile 1994. (…).

Ci sono anche prove che indicano che dopo il 18 Aprile 1994, ci sono state persone che sono venute a chiedere aiuto all'accusato, e lui li ha respinti, e ci sono prove che egli abbia assistito, partecipato, supervisionato e persino ordinato omicidi a Taba.

La testimone JJ ha testimoniato che dopo il suo arrivo all'ufficio comunale, si è recata dall'Accusato a nome di un gruppo di rifugiati, supplicandolo di uccidere con proiettili, in modo da non essere colpiti a morte con i machete. Lei ha detto che lui ha chiesto ai suoi agenti di polizia di cacciarli via e ha detto che anche se ci fossero stati dei proiettili lui non li avrebbe sprecati per i rifugiati.

La Camera ritiene che le accuse di cui al paragrafo 12 non possano essere pienamente provate. L'imputato è intervenuto tra il 7 Aprile e il 18 Aprile per proteggere i cittadini del suo comune. Sembra che abbia anche richiesto la loro assistenza alla riunione del 18 Aprile 1994. Di conseguenza, l'imputato ha tentato di impedire l'uccisione dei Tutsi nel suo Comune, e non si può dire che non l'abbia mai fatto.

Ciononostante, la Camera ritiene al di là di ogni ragionevole dubbio che la condotta dell'imputato sia cambiata dopo il 18 Aprile 1994 e che dopo questa data egli non abbia più tentato di impedire l'uccisione dei Tutsi nel comune di Taba. Infatti, ci sono prove che egli non solo conosceva e ha assistito alle uccisioni, ma ha anche partecipato e ha anche ordinato omicidi. Il fatto che in un'occasione abbia aiutato una donna Hutu a proteggere il suo Tutsi non modifica la valutazione della Camera che l'imputato non ha, in generale, cercato di prevenire gli omicidi dopo il 18 Aprile. L'imputato sostiene di essere stato soggetto a coercizione, ma la Camera trova questa tesi molto incoerente raffrontandola con un una notevole quantità di testimonianze concordanti da parte di altri testimoni. È anche incoerente con la sua dichiarazione scritta preprocessuale. Il testimone C ha testimoniato di aver ascoltato l'imputato dire a un Interahamwe 'Non credo che quello che stiamo facendo sia giusto. Pagheremo per questo sangue che viene versato...', una dichiarazione che indica che l'imputato era a conoscenza dell'illegalità dei suoi atti ed era consapevole delle conseguenze delle sue azioni. Per questi motivi, la Camera non accetta la testimonianza dell'imputato per quanto riguarda la sua condotta dopo il 18 Aprile, e trova al di là di ogni ragionevole dubbio che non ha cercato di prevenire l'uccisione dei Tutsi dopo questa data. Che avesse il potere di farlo non è in discussione, ma non ci ha mai nemmeno provato dal momento che ci sono prove che dimostrano che, al di là di un ragionevole dubbio, abbia scelto consapevolmente la strada della collaborazione con la violenza contro i Tutsi, piuttosto che proteggerli da essa"[44].

Le prove stabilite al processo hanno dimostrato che Akayesu aveva presieduto un incontro in cui aveva esortato la popolazione locale a eliminare i complici del ribelle RPF, che, secondo l'accusa, "*è stato inteso dai presenti come Tutsi*", e ha nominato tre individui Tutsi di spicco che dovevano essere uccisi. Akayesu ha anche viaggiato per tutta la sua regione ordinando che particolari "*complici della RPF*" venissero maltrattati o uccisi, e ha permesso che, in sua presenza, si verificassero numerosi atti di violenza. Il Procuratore ha affermato che, tutto sommato, almeno 2.000 omicidi hanno

---

[44] *Ibidem*, par. 187-193.

avuto luogo nel Comune di Taba e che Akayesu non ha fatto nulla per impedirli o per punire i colpevoli[45].

All'inizio, Akayesu non era stato preso in considerazione dall'ICTR almeno fino a quando il suo nome non è apparso su una lista di individui che il governo rwandese stava cercando. Quando Akayesu è riemerso nel 1995, Goldstone lo ha frettolosamente incriminato per il suo ruolo di incitamento alla violenza contro i Tutsi nel suo comune. In particolare, Goldstone ha accusato Akayesu di responsabilità diretta per genocidio, complicità in genocidio, istigazione al genocidio, crimini contro l'umanità (sterminio e omicidio) e crimini di guerra (omicidio).

Il Tribunale ha stabilito che Akayesu era indigente, nonostante il fatto che fosse stato una delle figure più importanti della sua comunità, e così gli è stato nominato un avvocato a spese del Tribunale. Il team dell'accusa comprendeva Yacob Haile-Mariam (Etiopia), Pierre-Richard Prosper (Stati Uniti), Mohamed Chande Othman (Tanzania) e altri. Nel corso del processo, la giurista Louise Arbour (Canada) è succeduta al giudice Goldstone come procuratore capo sia per l'ICTR che per l'ICTY.

---

45 *Ibidem*, par. 12.

Il processo.

Il processo di Akayesu iniziò il 9 Gennaio 1997 davanti alla Camera I dell'ICTR, composta dal giudice Laïty Kama (Senegal), presieduta dal giudice Lennart Aspegren (Svezia) e dal giudice Navanethem Pillay (Sudafrica) che all'epoca era l'unico giudice donna del Tribunale.

Dopo aver ascoltato la testimonianza di alcune persone circa le violenze contro la popolazione Tutsi nel Comune di Taba, il 27 Gennaio 1997 venne chiamata a deporre la testimone J10. Residente nel Comune di Taba, J era incinta di sei mesi quando scoppiò il genocidio. La maggior parte dei membri della sua famiglia vennero uccisi da un gruppo di miliziani che erano andati a casa loro. J e sua figlia di sei anni riuscirono a sfuggire al loro destino nascondendosi su un albero e cercando cibo. In risposta alle domande del pubblico ministero, J accennò, in modo quasi casuale, che sua figlia di sei anni era stata violentata e confermò che non era mai stata interrogata sul punto da nessun investigatore del Tribunale. Il Presidente del Tribunale, e poi il giudice Aspergen, tornarono su questa linea di interrogatorio e J dichiarò di aver sentito che altre bambine erano state stuprate nell'ufficio comunale di Akayesu, ma non l'aveva visto di persona.

Nel Marzo 1997, la testimone H, l'ultima dell'accusa, fu chiamata al banco.

Disse che anche la sua casa era stata attaccata e che la sua famiglia era fuggita tra i cespugli vicini, ma alla fine fu scoperta, violentata e abbandonata. Suo padre la trovò e la portò all'ufficio del comune dove aveva sentito che la gente si stava rifugiando. Secondo il suo racconto, la maggior parte delle persone erano donne e bambini; anche i membri della polizia comunale e dell'Interahamwe erano presenti con le armi, ma non hanno fatto nulla per fermare la violenza. All'esame incrociato, la difesa non ha affrontato la questione degli stupri, ma i giudici Pillay e Aspergan sì, chiedendo ad H di precisare dove si trovava Akayesu e cosa stesse facendo mentre le donne venivano stuprate nel comune o nelle sue vicinanze.

I resoconti di questo processo attribuiscono al giudice Pillay il merito di aver portato all'attenzione dell'accusa la questione della violenza sessuale nel Comune di Taba.

Le trascrizioni fanno emergere un dato abbastanza inquietante: la testimonianza chiave è emersa in modo piuttosto casuale. Se J non avesse detto che sua figlia di sei anni era stata stuprata, l'esistenza di violenza sessuale nel Comune di Taba potrebbe non sarebbe mai stata messa a verbale. Inoltre, è degno di nota il fatto che pochi dettagli siano stati richiesti ai testimoni, quasi come se nessuno volesse toccare l'argomento o non ne riconoscesse immediatamente il significato. Detto questo, i pubblici ministeri che lavoravano sul caso erano apparentemente a conoscenza dell'esistenza di atti di violenza sessuale a Taba, attraverso la testimonianza della testimone H e di altri, ma non erano stati in grado di collegarli all'imputato, come richiesto dai principi della responsabilità penale individuale.

Al termine della testimonianza di H, il processo venne rinviato al 12 Maggio 1997, e gli osservatori del processo portarono la testimonianza di J e H all'attenzione dei gruppi di donne attive in Rwanda e altrove. A quel tempo, la questione della giustizia di genere era stata all'ordine del giorno di molte organizzazioni per i diritti umani e le testimonianze di stupri in Rwanda erano apparse sulla stampa e altrove.

Human Rights Watch, per esempio, nel 1996 ha pubblicato un rapporto completo sulla violenza sessuale durante il genocidio rwandese, che si basava in parte su interviste alle donne della comunità di Taba[46].

Il rapporto invitava l'ICTR a indagare e a perseguire in modo completo ed equo gli atti di violenza sessuale come crimini di guerra, crimini contro l'umanità e genocidio, e, se del caso; a integrare una prospettiva di genere nelle indagini, tra l'altro,

---

[46] Human rights watch, *Shattered lives - Sexual Violence during the Rwandan Genocide and its Aftermath*, https://www.hrw.org/reports/1996/Rwanda.htm (watch)

assumendo più donne investigatrici; a trattare i crimini sessuali contro le donne con la stessa gravità degli altri crimini; a modificare le accuse esistenti per garantire che le accuse di violenza sessuale fossero presentate, a rafforzare ed espandere l'Unità di protezione dei testimoni per proteggere i testimoni e prepararli a testimoniare.

Alla luce della testimonianza di J e H, il 27 Maggio 1997 la Coalizione ha presentato all'ICTR un *amicus curiae brief* ("*Coalition Brief*") con cui chiedeva alla Camera dei Procuratori di esercitare la propria autorità di controllo per invitare il procuratore a modificare l'atto d'accusa contro Akayesu al fine di accusarlo di stupro e altri gravi atti di violenza sessuale. Esortava anche la medesima Camera dei Procuratori ad ampliare le indagini per indagare sulla prevalenza della violenza sessuale in Rwanda, e a comprendere perché nessuno degli atti d'accusa emessi fino a quel momento avesse incluso accuse di stupro o di violenza sessuale, nonostante l'esistenza di prove agli atti a sostegno di esse. Il *Coalition Brief,* inoltre, sosteneva che il Tribunale avesse l'autorità di emettere ordinanze, se necessario, ai fini delle indagini, dello svolgimento del processo e della produzione di prove aggiuntive o della convocazione di testimoni. Senza un emendamento dell'atto d'accusa, la *Coalition Brief* affermava che ad Akayesu sarebbe stata concessa l'immunità per gli stupri commessi all'interno del suo comune, alle donne di Taba sarebbe stata negata la giustizia e il Tribunale avrebbe inviato il messaggio che la violenza sessuale non è così grave come altre forme di aggressione.

Secondo la *Coalition*, l'accusa avrebbe dovuto essere modificata per far rientrare lo stupro e le mutilazioni sessuali nei crimini contro l'umanità e nei crimini di guerra , suggerendo che il Procuratore avrebbe dovuto considerare l'accusa di stupro come genocidio, perché esso era parte integrante e pervasivo della campagna di genocidio degli Hutu volta a "*distruggere una donna dal punto di vista fisico, mentale o sociale e [a distruggere] la sua capacità di partecipare alla riproduzione e alla produzione della comunità*"[47].

Il 17 Giugno 1997, il Pubblico Ministero chiese un'udienza davanti alla Camera dei Procuratori e durante questa, Prosper e il suo co-difensore, Sara Darehshori (Stati Uniti), presentarono una mozione orale per modificare l'atto d'accusa alla luce delle testimonianze sulla violenza sessuale emerse durante il processo.

Prosper sostenne di essere stato al corrente degli atti di stupro e di violenza sessuale nel Comune di Taba, ma non era stato in grado di collegare questi crimini all'imputato fino a quando non ascoltò la testimonianza di J e H. Spiegò alla Corte: "*credo si possa affermare con certezza che la questione della violenza sessuale è di grande importanza per l'Ufficio del Procuratore e noi prendiamo la questione molto, molto seriamente. Riteniamo che la violenza sessuale usata come arma o come strumento sia deplorevole e non può essere accettata. In questo caso è chiaro in tutta la testimonianza che ci sono state allusioni ad atti di violenza sessuale che si sono verificati nel Comune di Taba. Non solo è venuto fuori nella testimonianza di J e H, ma devo dire che è venuto fuori anche nelle indagini precedenti, ma le (...) informazioni che abbiamo ricevuto prima, secondo noi, non erano sufficienti per collegare l'imputato agli atti di violenza sessuale. Abbiamo continuato a indagare. (...) Dopo aver ricevuto [ulteriori dichiarazioni di testimoni], noi come Ufficio del Procuratore riteniamo che sia nostro dovere venire qui oggi e fare questa richiesta (...)*"[48].

Affrontando l'assenza di accuse riguardanti la violenza sessuale nel primo atto d'accusa, Prosper illustrò: "*forse perché la vergogna che a volte accompagna questi atti ha impedito alle donne di testimoniare o di dichiarare ciò che è accaduto loro e anche io sono pronto ad ammettere che, forse, a volte, non siamo stati così sensibili come avremmo dovuto essere in relazione alla questione*"[49]. Egli negò che l'accusa fosse motivata dal Brief della Coalizione: "*vorrei dire a quest'aula in questo*

---

47 *Amicus Brief Respecting Amendment of the Indictment and Supplementation of the Evidence to Ensure the Prosecution of Rape and Other Sexual Violence within the Competence of the Tribunal*, Coalition for Women's Human Rights in Conflict Situations, par. 19.

48 Akayesu, Case No. ICTR-96-4-T, Transcript, par. 6 (17 Giugno 1997).

49 *Ibidem*, par. 7.

momento e mettere in chiaro che l'amicus curiae non ci motiva oggi. (...) infatti, può essere considerato solo come un fattore. (...) perché ciò che fa è ricordare l'importanza della questione della violenza sessuale"[50].

Non sorprende che l'avvocato di Akayesu si sia opposto agli emendamenti proposti, sostenendo che la tempistica era improvvisata e che alla difesa non era stato dato il tempo di prendere in considerazione il materiale di supporto, essendo state fornite copie delle dichiarazioni dei testimoni (la maggior parte delle quali erano datate 12 Giugno 1997) solo durante il fine settimana precedente e una traduzione in inglese della proposta dell'accusa di modificazione del capo di imputazione era stata consegnata solo quella mattina.

Dopo aver deliberato per dieci minuti, la Camera concesse il permesso di modificare e rinviò il processo al 22 Ottobre 1997.

L'accusa aggiunse anche tre ulteriori capi di imputazione, accusando Akayesu dei crimini contro l'umanità di stupro e di "*altri atti disumani*", nonché del crimine di guerra di aver commesso "*oltraggi alla dignità personale, in particolare stupri, trattamenti degradanti e umilianti e aggressioni indecenti*"[51]. I capi d'accusa di genocidio erano rimasti testualmente invariati. A causa della collocazione delle nuove accuse di fatto subito dopo il paragrafo 12, tuttavia, i presunti atti di violenza sessuale sono stati incorporati con riferimento ai capi d'accusa originali di genocidio contenuti nel primo atto d'accusa. Quindi, in sostanza, il Pubblico Ministero ha anche accusato Akayesu di violenza sessuale come atto predatorio di genocidio, sebbene non avesse espressamente richiesto, o ricevuto, l'autorizzazione a farlo.

---

50 *Ibidem*, par. 8.

51 Akayesu, Case No. ICTR-96-4-T, Capo d'accusa modificato (Giugno 1997).

La messa in stato d'accusa.

Come detto più sopra, il primo caso che ha permesso di identificare gli elementi dello stupro in un contesto internazionale è stato quello contro Jean Paul Akayesu, Borgomastro del Comune di Taba a poca distanza dalla capitale del Rwanda, Kigali, dall'Aprile 1993 al Giugno 1994.

È stato incaricato di svolgere funzioni esecutive e di mantenere l'ordine pubblico all'interno del suo comune, nel quale aveva il controllo esclusivo della polizia comunale e dei gendarmi messi a disposizione del comune. Tra il 7 Aprile e la fine di Giugno 1994, almeno 2.000 Tutsi furono uccisi a Taba, mentre Akayesu era al potere.

Per ciò che qu interessa sono stati presi in considerazione i paragrafi 12A e 12B dell'atto d'accusa.

Paragrafo 12A.

Tra il 7 Aprile e la fine di Giugno 1994, centinaia di civili (di seguito "civili sfollati") hanno cercato rifugio presso l'ufficio comunale di Taba, luogo ove l'imputato rivestiva la carica di sindaco. La maggior parte di questi civili sfollati era di etnia Tutsi che, però, anziché trovare riparo e rifugio vennero catturati dalla milizia locale. Le donne subirono la peggiore delle sorti di un prigioniero, infatti vennero tutte sistematicamente violentate oppure picchiate all'interno dei locali del detto ufficio.

Molte donne furono costrette a subire molteplici atti di violenza sessuale, a volte commessi da più di un aggressore. Questi atti di violenza sessuale erano generalmente accompagnati da minacce esplicite di morte o danni fisici, cosicché esse vivevano nella costante paura la loro salute fisica e psicologica si deteriorò a causa delle violenze sessuale, dei pestaggi e delle uccisioni.

Paragrafo 12B.

Jean Paul Akayesu sapeva degli atti di violenza sessuale, delle percosse e degli omicidi e talvolta era presente durante la loro commissione. Egli ne facilitò l'esecuzione permettendo che la violenza sessuale, i pestaggi e gli omicidi si verificassero nei locali dell'ufficio comunale e, non prevendendo tali atti nè impedendoli: quindi, secondo la Corte, di fatto, incoraggiò queste attività.

I presunti eventi.

Le accuse di violenza sessuale sono giunte all'attenzione della Camera attraverso la testimonianza della Testimone J, una donna Tutsi, che ha dichiarato che sua figlia di sei anni era stata violentata da tre Interahamwe[52] che erano venuti per uccidere suo padre.

All'esame della Camera, la testimone J ha anche testimoniato di aver sentito dire che giovani ragazze erano state violentate all'ufficio comunale. Successivamente, la testimone H, sempre una donna di etnia Tutsi, ha testimoniato che lei stessa era stata stuprata in un campo di sorgo e che, appena fuori dal complesso del Bureau comune, aveva visto personalmente altre donne Tutsi violentate e sapeva di almeno tre casi di stupro di questo tipo da parte dell'Interahamwe. Ella, inizialmente, aveva affermato che anche l'accusato insieme ad agenti di polizia del comune, era presente mentre ciò accadeva e non aveva fatto nulla per prevenire gli stupri. Tuttavia, all'esame della Camera per verificare se Akayesu fosse consapevole del fatto che gli stupri erano in corso, rispose che non lo sapeva, ma che era successo all'ufficio comunale e sapeva che le donne erano lì.

La testimone H ha dichiarato che alcuni degli stupri erano avvenuti nella vicina zona della macchia, ma che alcuni di essi si erano verificati "sul posto" (negli uffici comunali). All'esame della Camera, ha affermato che l'imputato era presente durante uno degli stupri, ma non ha potuto confermare che lui abbia visto quello che stava accadendo.

Il 17 Giugno 1997, l'accusa venne modificata per includere le accuse di violenza sessuale. violenza e accuse supplementari contro l'imputato ai sensi dell'articolo 3, lettera g) [53]., articolo 3,

---

52 Si designa così qualsiasi banda che desse la caccia ai Tutsi.

53 Art. 3 lett. G Statuto ICTR: "*Articolo 3: Crimini contro l'umanità*
Il Tribunale Internazionale per il Ruanda ha il potere di perseguire i responsabili dei seguenti crimini se commessi nell'ambito di un attacco diffuso o sistematico contro qualsiasi popolazione civile per motivi nazionali, politici, etnici, razziali o religiosi: (...) g) Stupro"

lettera i)[54] e articolo 4, paragrafo 2, lettera e)[55], dello Statuto dell'ICTR Nell'introdurre questo emendamento, il Pubblico Ministero dichiarò che la testimonianza di H li aveva motivati, come Ufficio della Procura, a rinnovare la loro indagine sulla violenza sessuale in relazione agli eventi che avevano avuto luogo a Taba presso l'ufficio comunale.

"L'accusa ha dichiarato che le prove precedentemente disponibili non erano sufficienti per collegare l'accusato agli atti di violenza sessuale e ha riconosciuto che i fattori che spiegano questa mancanza di prove potrebbero includere la vergogna che accompagna questi atti così come l'insensibilità nelle indagini sulla violenza sessuale. La Camera osserva che la Difesa nella sua dichiarazione conclusiva ha messo in dubbio il fatto che l'accusa sia stata modificata in risposta alla pressione dell'opinione pubblica sul perseguimento della violenza sessuale. La Camera comprende che l'emendamento dell'Accusa è il risultato della testimonianza spontanea di violenza sessuale da parte delle testimoni J e d H nel corso di questo processo e delle successive indagini dell'accusa, piuttosto che della pressione pubblica. Ciononostante, la Camera prende atto dell'interesse dimostrato in questo caso dalle organizzazioni non governative, che considera indicativo della preoccupazione dell'opinione pubblica per la questione della violenza sessuale"[56].

Le testimoni dell'accusa.

La testimonianza di JJ.

---

54 Art. 3 lett. I Statuto ICTR: "*Articolo 3: Crimini contro l'umanià*
Il Tribunale Internazionale per il Ruanda ha il potere di perseguire i responsabili dei seguenti crimini se commessi nell'ambito di un attacco diffuso o sistematico contro qualsiasi popolazione civile per motivi nazionali, politici, etnici, razziali o religiosi: (...) i) altri atti disumani"

55 Art. 4, par. 2, lett e) Statuto ICR: "*Articolo 4: Violazioni dell'articolo 3 comune alla Convenzione di Ginevra e al II Protocollo addizionale*
Il Tribunale Internazionale per il Ruanda ha il potere di perseguire le persone che commettono o ordinano di commettere gravi violazioni dell'articolo 3 comune alle Convenzioni di Ginevra del 12 agosto 1949 per la protezione delle vittime di guerra e del Protocollo aggiuntivo II dell'8 Giugno 1977. Tali violazioni includono, ma non sono limitate a: (...) e) Oltraggi alla dignità personale, in particolare trattamenti umilianti e degradanti, stupri, prostituzione forzata e qualsiasi forma di aggressione indecente (...)"

56 *Prosecutor v. Akayesu*, ICTR Chamber I, case n. ICTR-96-4, sentenza 02.09.1998, par. 417 (Prosecutor v. Jean Paul Akayesu, 1998).

A seguito della modifica dell'atto d'accusa, la testimone JJ, una donna Tutsi, depose sugli eventi che si sono verificati a Taba. Ella riferì che, dopo essere fuggita dalla sua casa, distrutta dai vicini Hutu, si era recata presso il famigerato ufficio comunale di Taba dove trovò più di sessanta rifugiati sulla strada e sul campo vicino, di cui la maggior parte erano donne e bambini.

Essi, nelle parole della teste, erano stati picchiati dall'Interahamwe e giacevano a terra al suo arrivo; lei personalmente incontrò quattro Interahamwe all'esterno dell'ufficio comunale, "*armati di coltelli, bastoni, asce e zappette*"[57]. "*Quel pomeriggio (…) circa altri quaranta Interahamwe sono arrivati e hanno picchiato i rifugiati, compresa la testimone JJ. In quel momento ha detto di aver visto l'accusato, in piedi nel cortile dell'ufficio comunale, con due poliziotti armati di pistole, uno dei quali si chiamava Mushumba. La testimone JJ ha detto di essere stata colpita alla testa, alle costole e alla gamba destra, colpi che l'hanno lasciata disabile. Quella sera, ha detto, l'accusato è venuto con un poliziotto a cercare i rifugiati e ha ordinato all'Interahamwe di picchiarli, chiamandoli 'malvagi, malvagi' e dicendo che 'non avevano più diritto a un riparo'. I rifugiati sono stati poi picchiati e cacciati via. La testimone JJ ha detto di essere stata picchiata dal poliziotto Mushumna, che l'ha colpita con il calcio della pistola proprio dietro l'orecchio*"[58].

Il racconto della teste proseguì così: dopo aver passato la notte sotto la pioggia in un campo, il giorno dopo tornò all'ufficio comunale recandosi dall'imputato assieme ad un gruppo di dieci persone che rappresentavano i rifugiati e che gli chiesero di essere uccisi come gli altri erano stati uccisi perché erano stanchi di tutta quella situazione. L'imputato rispose loro che non c'erano più proiettili e che era andato a cercarne altri a Gitarama ma non erano ancora stati messi a disposizione. A questo punto Akayesu disse ai suoi agenti di polizia di cacciare via il gruppo e aggiunse che anche se c'erano proiettili non li avrebbero sprecato per i rifugiati.

Spesso gli uomini dell'Interahamwe venivano a picchiare i

---

57 *Prosecutor v. Akayesu*, cit., par. 419.

58 *Prosecutor v. Akayesu*, ibid.

rifugiati sia durante il giorno che di notte, non solo ma portavano giovani ragazze e donne dal loro luogo di rifugio vicino all'ufficio comunale in una foresta della zona e le violentavano. La stessa teste venne spogliata dei suoi vestiti e violentata davanti ad altre persone. "*A richiesta del Procuratore e con grande imbarazzo, ha esplicitamente specificato che lo stupratore, era un giovane uomo armato di ascia e di un lungo coltello, le ha penetrato la vagina con il suo pene. Ha dichiarato che in quella occasione è stata violentata due volte. Successivamente, ha detto alla Camera, in un giorno in cui pioveva, è stata presa con la forza nel centro culturale all'interno del complesso dell'ufficio comunale (...) Lei è stata violentata due volte da un solo uomo. Poi un altro uomo è venuto dove lei giaceva e anche lui l'ha violentata. Un terzo uomo l'ha poi violentata, ha detto, al punto tale che lei stessa ha descritto di sentirsi vicina alla morte. La testimone JJ ha dichiarato di essere stata poi successivamente trascinata al centro culturale in un gruppo di circa dieci ragazze e donne e sono state tutte violentate. Lei è stata violentata di nuovo, due volte. La testimone JJ ha testimoniato che non poteva contare il numero totale di volte in cui è stata stuprata. Ha detto: 'Ogni volta che incontri gli aggressori corri il rischio di essere violentata', nella foresta, nei campi di sorgo*"[59].

La teste JJ ha testimoniato di ricordare le grida delle giovani ragazze intorno a lei, ragazze di appena dodici o tredici anni che subivano violenza e di ricordare che l'accusato era presente agli atti di brutalità anche quando era toccato a lei. In quell'occasione l'ha udito dire a voce alta all'Interahamwe: "Non chiedermi mai più di cosa sa una donna Tutsi" e "Domani saranno uccisi". Secondo lei, la maggior parte delle ragazze e delle donne sono state successivamente uccise, o portate al fiume e uccise lì, dopo essere tornate alle loro case, oppure uccise all'ufficio del comune. Lei personalmente non vide mai l'accusato stuprare qualcuno, e, come la testimone H, credeva che avesse i mezzi per impedire gli stupri ma che non provò mai a farlo.

Nel descrivere l'imputato e la dichiarazione che ebbe a fare riguardo al "gusto" delle donne Tutsi, riferì che lui "parlava come

---

[59] *Prosecutor v. Akayesu*, cit., par. 421.

se qualcuno stesse incoraggiando un giocatore" e suggerì che quella di Akayesu fosse una "supervisione" degli atti di stupro. La testimone JJ disse di non aver assistito a nessun omicidio all'ufficio comunale, anche se vide dei cadaveri lì.

Ella raccontò del dolore che la guerra le aveva causato, dell'umiliazione che aveva provato come madre, per la nudità pubblica che aveva dovuto subire e per essere stata violentata da giovani uomini in presenza di bambini. "*Diceva che il solo pensarci ha reso viva la guerra dentro di lei. La testimone JJ ha detto alla Camera che si era risposata, ma che la sua vita non è mai stata più la stessa a causa delle percosse e degli stupri subiti. Diceva che il dolore alle costole le impedisce di coltivare perché non può più usare la zappa, e che era abituata a vivere del cibo che poteva coltivare*"[60].

La testimonianza di OO.

La testimone OO, una giovane Tutsi, ha dichiarato che lei e la sua famiglia avevano cercato rifugio presso l'ufficio comunale nell'Aprile del 1994 e lì vi avevano incontrato molti altri rifugiati della loro etnia, precisamente nella strada fuori dal complesso. Mentre era lì, disse, giunsero degli Interahamwe e "*hanno iniziato ad uccidere la gente con i machete*"[61]. Lei e altre due ragazze cercarono di fuggire ma furono fermate dagli uomini dell'Interahamwe i quali, mentre tornavano indietro, dicevano all'accusato che stavano prendendo le ragazze per "andare a letto" con loro. Ella riferì alla Camera che, a cinque a metri di distanza dall'accusato, lo sentì dire in risposta: "prendetele". "*Ha detto che era poi era stata separata dalle altre ragazze e portata in un campo da un Interahamwe chiamato Antoine. Quando lei si è rifiutata di sedersi, lui l'ha spinta a terra e ha messo il suo 'sesso' nella sua, chiarendo all'esame che le ha penetrato la vagina con il suo pene. Quando lei ha iniziato a piangere, ha detto che lui l'ha avvertita che se lei piangeva o gridava, altri potevano arrivare e ucciderla*"[62].

Secondo la testimone OO, Antoine la lasciò nel campo e

[60] *Prosecutor v. Akayesu*, cit., par. 423.
[61] *Prosecutor v. Akayesu*, cit., par. 424.
[62] *Prosecutor v. Akayesu*, cit., ibid.

ritornò quella notte a portarla a casa di una donna di nome Zimba, dove passò tre notti. Alla quarta notte, Antoine tonò insieme ad un Interahamwe chiamato Emanuel e la violentò ancora ed Emanuel lo seguì a sua volta. "*La testimone OO ha detto alla Camera di aver trascorso tre giorni e notti a casa di Emanuel, dove ogni giorno è stata violentata sessualmente da entrambi. In seguito, ha detto di essere stata cacciata da loro*"[63].

La testimonianza di KK.

Anche la testimone KK, una donna Hutu sposata con un uomo Tutsi, dopo la distruzione della sua casa, si rifugiò presso l'ufficio comunale di Taba. Testimoniò che i rifugiati Tutsi lì venivano spesso picchiati dalla polizia e dall'accusato, da lei descritto come "supervisore".

La testimone KK ha anche ricordato di aver visto donne e ragazze selezionate e portate al centro culturale dell'ufficio comunale dagli Interahamwe, che dicevano che andavano a "dormire" con queste donne e ragazze. Ha anche riferito di un episodio in cui l'accusato ha detto ad un Interahamwe "*di spogliare una giovane ragazza di nome Chantal, che sapeva essere una ginnasta, in modo che potesse fare ginnastica nuda. L'imputato disse a Chantal, che diceva di essere Hutu, che doveva essere una Tutsi perché sapeva che suo padre era un Tutsi. Mentre Chantal era costretta a marciare nuda davanti a molte persone, la testimone KK ha riferito che l'accusato rideva e ne era felice. In seguito, ha detto che lui ha riferito agli Interahamwe di portarla via e ha detto che 'dovresti prima di tutto assicurarti di dormire con questa ragazza'. (...) ha anche testimoniato riguardo allo stupro di donne Tutsi sposate con uomini Hutu. Ha descritto, dopo aver lasciato l'ufficio comunale, di aver incontrato sulla strada un uomo e donna che erano stati uccisi quest'ultima ella sapeva essere una Tutsi sposata con un Hutu, che era 'non esattamente morto' e ancora in agonia. Ha descritto gli Interahamwe che forzavano con un pezzo di legno gli organi sessuali della donna quando era ancora in vita e respirava, prima di morire. Nella maggior parte dei casi, la testimone KK ha detto che le donne Tutsi sposate con gli uomini Hutu 'sono state lasciate sole perché si diceva che queste*

---

63 *Prosecutor v. Akayesu*, cit., par. 425.

donne fanno nascere bambini Hutu'.

Ha detto che c'erano uomini Hutu che hanno sposato donne Tutsi per salvarle, ma che sono state cercate, portate via con la forza e uccise. Ha detto di non aver mai visto l'accusato stuprare una donna"[64].

La testimonianza di NN.

La testimone NN, una donna Tutsi e sorella minore di JJ, descrisse lo stupro, subito insieme ad un'altra sorella, ad opera di due uomini nel cortile di casa loro, subito dopo che era stata distrutta dai loro vicini Hutu e che suo fratello e suo padre erano stati uccisi. Riferì che uno degli uomini le aveva detto che le ragazze erano state risparmiate per poter essere violentate. "*Disse che sua madre pregò gli uomini, che erano armati di randelli e machete, di uccidere le sue figlie piuttosto che violentarle davanti a lei, e l'uomo rispose che il 'principio era quello di farle soffrire' e che le ragazze furono poi violentate. La testimone NN ha confermato all'esame che l'uomo che l'ha violentata le ha penetrato la vagina con il suo pene, dicendo che lo ha fatto in modo 'atroce', deridendola e schernendola. Ha detto che sua la sorella è stata violentata dall'altro uomo nello stesso momento, vicino a lei, in modo che ognuno di loro potesse vedere cosa stava succedendo all'altro. In seguito, ha detto di aver implorato la morte*"[65].

Dopo che questi uomini se ne furono andati, arrivarono altri due omini, loro ex vicini di casa, ed uno di loro la violentò, mentre l'altro stuprò sua sorella. Ricorda che il vicino di casa disse che gli era stato rifiutato il matrimonio, ma che ora andavano a letto con le ragazze senza conseguenze e che prima di andarsene questi uomini minacciarono le ragazze che le avrebbero uccise se non fossero rimaste dov'erano. Quella sera disse che altri due uomini più giovani, più o men dell'età di 15 o 16 anni, vennero e chiesero loro di "*insegnarglielo perché non sapevano come si faceva*". Dopo che questi altri due le violentarono sua madre disse alle figlie di andarsene piuttosto che continuare ad essere torturate davanti a lei. Le ragazze obbedirono e si nascosero da un parente.

---

64 *Prosecutor v. Akayesu*, cit., par. 429.
65 *Prosecutor v. Akayesu*, cit., par. 430.

Dopo essersi nascosta per una settimana e mezza, la testimone NN raccontò di aver sentito che Akayesu aveva fermato gli omicidi, e si recò con la sorella verso l'ufficio comunale. Durante il tragitto, avendo preso una strada diversa da quella della sorella, incontrò due uomini che le dissero che l'avrebbero accompagnata al *Bureau communal* e che avevano ricevuto ordini dal borgomastro, ma poi la portarono poco lontano e la violentarono a turno, lasciandola poi sdraiata nuda.

In seguito, disse che quattro uomini che pascolavano il bestiame le si avvicinarono, e due di loro la violentarono. Questi incidenti sono avvenuti in campagna, non molto lontano dall'ufficio del comune.

Dopo gli stupri, la testimone NN ha riferito che non poteva muoversi, non riusciva ad alzarsi e non era in grado di vestirsi da sola. Fu trovata dalla sorella che le diede del *ghee*[66] da mettere nelle parti basse per dare sollievo ai muscoli. Quando fu in grado di alzarsi, continuò il viaggio verso l'ufficio comunale con sua sorella e vi giunse all'inizio del Maggio 1994 trovandovi circa trecento rifugiati, per lo più donne e bambini.

La mattina dopo il suo arrivo, disse di aver visto l'accusato con un asciugamano intorno al collo che si dirigeva verso il luogo, tra l'ufficio comunale e il centro culturale, dove due Interahamwe guidavano una donna per violentarla. Riferì alla Corte di aver visto Akayesu in piedi a guardare gli uomini che trascinavano la donna e più tardi entrare nell'ufficio; vide gli Interahamwe circondare questa donna e li vide sopra di lei ma non penetrarla, mentre molti rifugiati stavano a guardare. Durante lo stupro, disse che c'erano due poliziotti del comune che si trovavano davanti all'ufficio del borgomastro, uno chiamato Mushumba e uno chiamato Nsengiyumva che era in borghese, i quali non fecero nulla per

---

66 Il *ghi* (dalla lingua hindī घी ghī a sua volta dal sanscrito घृतम् ghṛta; come anglicismo anche *ghee*) è il burro chiarificato usato nella cucina indiana e, in generale, nei Paesi asiatici. Si tratta di un burro privato dell'acqua e della componente proteica.

prevenire lo stupro esattamente come l'accusato limitandosi a guardare e ad entrare nel suo ufficio. Raccontò che dopo lo stupro vittima era nuda, affamata e fredda, ed era incinta. Successivamente un Interahamwe la infornò che quella donna era morta all'ufficio comunale. La testimone NN disse di non aver visto nessuno violentato all'interno del centro culturale, ma che l'Interahamwe veniva di notte e portava via alcune ragazze.

Due giorni dopo l'arrivo all'ufficio comunale, NN vide un Interahamwe chiamato Rafiki, che aveva conosciuto in precedenza e che le aveva precedentemente detto che voleva vivere con lei. Quando la vide all'ufficio comunale, raccontò che lui la minacciò di stuprarla e che non l'avrebbe sposata. Rafiki la portò a casa sua, non lontano dal Comune, e la rinchiuse lì per due giorni, durante i quali la violentò ripetutamente giorno e notte, per un totale di circa sei volte, spesso in preda ai fumi dell'alcol e anche, forse, di sostanze stupefacenti ("erbe aromatiche").

Dopo essere tornata all'ufficio comunale, NN raccontò di aver trovato sua sorella, che le riferì di aver subito nuovamente violenza proprio in quel luogo. La teste NN disse che sua sorella aveva fame e freddo e non poteva muoversi e poi morì e quando andarono a seppellirla, trovarono che il suo corpo era stato mangiato dai cani.

NN riferì alla Corte di aver visto spesso l'accusato presso l'ufficio comunale e che lo udì dire alla polizia di allontanare i rifugiati, citando un'occasione in cui un poliziotto chiamato Mushuba batteva e li cacciava via dopo aver ricevuto un tale ordine dal Akayesu. Lo vide anche quando Ntereye venne prelevato dal carcere e ucciso, pur non avendo assistito all'omicidio; tuttavia, sentì un colpo di pistola e più tardi vide il cadavere di Nteyere, la sua testa schiacciata come da un martello. Successivamente, NN raccontò che per due giorni consecutivi si ritrovò in una buca vicino all'ufficio comunale con un gruppo di diverse centinaia di persone, per lo più donne e i bambini, e gli Interahamwe intendevano ucciderli con una granata. Il primo giorno, a quanto pare, non riuscirono a trovare una granata, il secondo giorno, vennero picchiati e riportati in buca. In quel momento il testimone NN disse che Rafiki, l'Interahamwe che l'aveva chiusa in casa sua, la portò fuori dal gruppo e disse che era sua moglie. Poi egli iniziò a pugnalare il gruppo di persone, picchiandole con i machete e gettandole nella buca mentre lei era in piedi. Lei chiuse gli occhi ma udì la gente piangere e gridare. Il massacro durò circa venti minuti e lei si sentì come morta, a parte il fatto che respirava ancora.

La testimone NN riferì di essere stata poi riportata dal fratello minore di Rafiki alla sua casa di riposo. casa dove è rimasta per una settimana. Mentre era lì, raccontò di essere stata rinchiusa da Rafiki, che diede la chiave ad altri giovani che vennero a "dormire" con lei, vale a dire che "*hanno preso il loro 'sesso' e l'hanno messo nel suo*"[67].

Non ricordava quante volte la violentarono, disse che venivano ogni giorno, ma che a volte non la stupravano. Dopo una settimana, riuscì a scappare nascondendosi dietro ad un cespuglio.

Secondo NN l'accusato aveva il potere di opporsi agli omicidi e agli stupri e che, non dando rifugio a nessuno al bureau del comune, autorizzò, anche se in maniera indiretta, gli stupri che vi hanno avuto luogo. Dopo gli stupri ebbe perdite vaginali ricorrenti e dolori che richiedono ancora oggi un trattamento in ospedale.

La testimonianza di PP.

La testimone PP, una donna Tutsi sposata con un uomo Hutu, viveva molto vicino all'ufficio comunale. Ella vide tre donne - Alexia, la moglie di Ntereye, e le sue due nipoti Nishimwe e Louise - stuprate e uccise a Kinihira, un bacino vicino al fiume. Le donne erano state portate in quel luogo dall'Interahamwe, verso l'accusato, in un veicolo del *bureau communal* guidato da Mutabaruka, l'autista del comune di Taba. Ha raccontato di aver visto per la prima volta le donne nel veicolo all'ufficio comunale, e ha sentito l'accusato dire all'Interahamwe: "*portateli all'Interahamwe*

---

67 *Prosecutor v. Akayesu*, cit., par. 436.

a Kinihira. Non sapete dove avvengono gli omicidi, dove sono stati uccisi gli altri?".

Secondo la testimone PP, che poi si è recata a Kinihira, le tre donne furono costrette dall'Interahamwe a spogliarsi e fu loro detto di camminare, correre ed eseguire esercizi "*così che potessero mostrare le cosce delle donne Tutsi*". Tutto questo avvenne, disse, davanti di circa duecento persone, dopodiché furono violentate. Ha descritto in particolare lo stupro di Alexia da parte dell'Interahamwe, il quale la gettò a terra e si arrampicò su di lei dicendo: "*Ora, vediamo come si sente la vagina di una donna Tutsi*" Nel ricordo di PP, Alexia chiamò quell'uomo Pierre, poi prese la sua Bibbia prima che lui la violentasse e gli disse: "*prendi questa Bibbia perché è il nostro ricordo, perché non sai cosa stai facendo*", poi uno la tenne ferma prendendola per il collo, altri per le spalle e altri ancora le tenevano le cosce divaricate mentre numerosi Interahamwe continuavano a violentarla: Bongo dopo Pierre, e Habarurena dopo Bongo. Secondo la testimone, Alexia era incinta e, durante gli stupri, partorì prematuramente.

Dopo Alexia toccò a Nishimwe, una giovane ragazza, che perse moltissimo sangue dalle parti intime dopo che diversi uomini l'avevano violentata. Louise venne poi violentata da diversi Interahamwe mentre altri la tenevano ferma, e dopo gli stupri, secondo la testimonianza, tutte e tre le donne sono state messe a pancia in giù, colpite con dei bastoni e uccise.

La testimone PP ha raccontato che nessuno ha cercato di violentarla perché non sapevano a quale etnia lei appartenesse ed anche perché un Interahamwe chiamò Bongo perché gli aveva dato un panino e un tè, e lui disse di non farle del male.

Ella ha riferito che alcune donne e bambini erano riusciti a fuggire dall'ufficio comunale nell'Aprile del 1994, ma che avevano dovuto "sacrificarsi" per sopravvivere, nel senso che le donne si sottomisero allo stupro. Lei aiutò a prendersi cura di una di queste donne che in seguito andò a casa sua per una settimana.

Nel controinterrogatorio, PP ha descritto il suo incontro con una donna di nome Vestine, che aveva salvato dalla fossa a Kinihira dove la gente veniva lanciata e dove Vestine aveva appena partorito. La testimone PP ha detto di aver portato Vestine a soggiornare nella casa di Emmanuel, un uomo che conosceva, e quando lei tornò due giorni dopo, le disse che Vestine era stata presa da un Interahamwe chiamato Habarurena in un campo di sorgo in un luogo noto come Kanyinya.

Secondo PP, Habarurena ha tenuto Vestine nel campo di sorgo per una settimana e l'ha violentata ripetutamente e quando la vide notò che perdeva del liquido dalle parti intime e Vestine le disse: "*Penso che sarebbe meglio andare a Kinihira per essere uccisa*". Il giorno dopo, la testimone PP ha detto di aver visto Vestine che veniva violentata, insieme ad altre donne, e non c'era niente che potesse fare. Il giorno seguente, dalla chiesa dove si trovava e dove era andata a pregare, la testimone PP ha detto di aver visto Vestine che veniva uccisa con un machete, da un Interahamwe chiamato Bongo, e gettata nella fossa.

I testimoni della difesa.

La testimonianza di DBB.

Il testimone della difesa DBB, un ex studente dell'accusato attualmente detenuto in Rwanda, riferì di essersi recato all'ufficio comunale il 17 Aprile 1994. In seguito, si nascose durante i massacri e non andò affatto al *Bureau communal* di Taba.

Egli disse alla Corte di non aver mai sentito parlare di violenza contro le donne e di non aver mai visto commettere alcuna aggressione durante gli eventi che ebbero luogo nel 1994, e che nessuna donna del suo settore venne violentata.

In seguito, riferì di aver sentito dire che le donne venivano stuprate al di fuori del suo settore, ma di non esserne stato testimone. Egli non ha mai sentito il nome dell'imputato menzionato in relazione alle aggressioni sessuali, che, invece, venivano attribuite alle persone che partecipavano ai massacri e ai saccheggi. Il testimone DBB espresse l'opinione che questi incidenti fossero avvenuti fuori dalla vista dell'imputato. Nel controinterrogatorio disse di non sapere nulla circa i fatti contestati all'accusato, ovvero che aveva permesso che le donne fossero portate via e stuprate presso l'ufficio comunale.

La testimonianza di DCC.

Il testimone della difesa DCC, anche lui autista del comune di Taba, riferì di non aver mai udito alcunchè circa la violenza perpetrata contro le donne nel comune di Taba, né che Akayesu avesse abusato di loro in prima persona, e nemmeno che avesse ordinato che venissero violentate.

Disse che durante il periodo in cui era impiegato presso l'ufficio comunale, in Aprile e per tutto il mese di Maggio, c'erano rifugiati e lui era lì ogni giorno, ma che non accadde nulla alle donne rifugiate, e mai vide alcuna di loro picchiata o portata via per essere violentata.

Egli non conosceva Alexia, la moglie di Ntereye, e negò di essere andato a cercarla, di averla trovata e di averla portata nel veicolo comunale per raggiungere l'ufficio comunale e poi di averla portata a Kinihira, perché la vettura si era rotta prima che iniziassero i massacri.

La testimonianza di DZZ.

Il testimone della difesa DZZ , un ex poliziotto del comune di Taba attualmente in carcere in Rwanda, ha riferito alla Corte che si recava ogni giorno all'ufficio comunale e che le violenze sessuali non hanno avuto luogo, né di aver mai visto alcun crimine commesso in quel luogo.

Egli ha insistito molto sul fatto di non aver sentito parlare di casi di stupro in tutto il comune di Taba durante questo periodo.

Dichiarazioni simili sono state rese anche dal teste della difesa DCX, il quale ha riferito che quando era a Taba non ha sentito nessun caso di stupro in tutto il comune durante questo periodo, affermando categoricamente che non c'era stato alcuna aggressione sessuale.

Il teste per la difesa DAX, quando gli è stato chiesto se avesse sentito che l'Interahamwe aveva commesso i crimini di violenza sessuale contro le donne, ha dichiarato che nessuno ha parlato di queste cose dove si trovava, anche se non si sentiva di poter escludere che altrove se ne parlasse oppure che violenze di quel genere avessero avuto luogo in altri posti.

La testimonianza di Matata.

Il testimone della difesa Matata, chiamato come esperto, riferì solo di un caso a Taba, un tentato stupro di due ragazze di quattordici e quindici anni, ma secondo la sua opinione il *bourgmestre* non sarebbe stato a conoscenza di questo caso in quanto si trovava in un'altra regione, nel settore Buguri, che non aveva mai visitato.

Il testimone Matata ebbe a sottolineare che non si è parlato di stupro a causa di un fattore culturale, ma suggerì anche che il fenomeno dello stupro è fu introdotto in seguito a scopo di ricatto, senza tuttavia spiegare lo scopo di quel ricatto e contro chi sarebbe stato indirizzato.

Disse di essersi imbattuto in episodi di stupro in altre parti del Paese ma che tali casi non erano frequenti e non erano legati a un gruppo etnico.

Espresse l'opinione che gli stupratori fossero più interessati a soddisfare il loro bisogni fisici più che annientare e umiliare le donne Tutsi, e che ci sono stati atti spontanei di desiderio anche nel contesto dell'uccisione. Egli notò che le donne Tutsi, in generale, sono abbastanza belle e che violentarle non voleva necessariamente intendere distruggere un gruppo etnico, ma piuttosto possedere una bella donna.

La testimonianza di DIX.

La testimone della difesa DIX riferì che suo padre aveva prestato il suo veicolo all'imputato e lo aveva aiutato a garantire la sicurezza nel comune durante questo periodo.

Ella si trovava a casa a Taba e sentì tutte le notizie, ma alcunchè su stupri o aggressioni sessuali durante gli omicidi che hanno avuto luogo. Tuttavia, aggiunse anche di aver ricevuto tutte le sue informazioni dai genitori e dai vicini e di non essersi mai recata, nemmeno una volta, all'ufficio comunale dopo l'inizio degli omicidi, non solo, ma dichiarò di aver visto l'accusato una volta, in Aprile.

Secondo la sua testimonianza, non gli parlò in quel momento, e non gli ha mai parlato in nessun altro momento. Tuttavia, la teste espresse l'opinione che l'imputato non avesse commesso alcun crimine, e lei era sorpresa che lui fosse in prigione.

Il testimone della difesa DJX, minorenne e fratello di DIX, testimoniò di non aver mai sentito parlare di stupri e di non aver mai visto alcun caso di stupro.

La Camera notò che le dichiarazioni scritte di questi due testimoni, redatte e presentate dalla difesa, erano identiche. Il testimone DJX aveva dodici anni al momento degli eventi, e, come la testimone DIX, riferì di non essere andato all'ufficio comunale e di aver visto l'accusato due volte.

La testimonianza di DFX.

La testimone DFX raccontò di non essere mai stata spettatrice di atti di stupro o violenza sessuale a Taba e di non aver mai sentito nessuno parlarne. La Camera osservò che DFX era una testimone protetta, e che aveva uno stretto rapporto personale con l'imputato.

Rispondendo all'esame della Camera, ella dichiarò che l'imputato non le disse mai nulla e che lei non gli chiese alcunchè e che le sue fonti di informazione provenivano da altre persone. Sempre in risposta alle domande della Camera, la teste riconobbe che nella sua dichiarazione scritta presentata dalla Difesa aveva accennato a rapporti secondo i quali gli Interahamwe rapivano le belle ragazze Tutsi e le portavano a casa come amanti. Ammise che tale condotta poteva essere considerata violenza sessuale in quanto non era consensuale.

All'esame incrociato dell'accusa, testimoniò che lei stessa non si recò mai presso l'ufficio comunale durante questo periodo per ragioni di sicurezza.

La testimonianza di DEEX.

La testimone della difesa DEEX, una donna Tutsi, dichiarò

che prima di uccidere le donne gli Interahamwe le violentavano, ma non sapeva se l'imputato li avesse incoraggiati o autorizzati.

Nel controinterrogatorio, ammise di non aver assistito personalmente alla violenza sessuale, anche se ebbe notizia che le ragazze in casa della famiglia in cui si era rifugiata erano state violentate dagli Interahamwe.

La testimone DEEX riferì alla Corte di aver ricevuto un lasciapassare dall'imputato, che l'ha aiutata ad andare in giro in sicurezza.

Le dichiarazioni dell'accusato.

L'accusato stesso affermò di essere completamente sorpreso dalle accuse di stupro a Taba durante gli eventi che ebbero luogo in quel posto, affermando che chiunque lo dicesse stava mentendo.

Tuttavia, anche se riconobbe che alcune testimoni avevano dichiarato di aver subito violenza presso l'ufficio comunale, giurò in nome di Dio che l'accusa era stata inventata. Diceva di non aver mai visto e mai sentito dai suoi poliziotti che ogni donna era stata violentata all'ufficio comunale e di aver sentito parlare di accuse di stupro su Radio Rwanda, di dimostrazioni e di una marcia da Kigali a Taba organizzate da associazioni femminili. Suggerì che forse questo voleva far capire che a Taba le donne erano state violentate *presso* l'ufficio comunale, ma insistette sul fatto che le donne non furono mai state violentate *all'interno* dei locali o su terreni di proprietà dell'ufficio comunale o del comune.

Nella sua testimonianza, l'imputato ricordò l'accusa rivoltagli di aver costretto una giovane ragazza, Chantal, a marciare nuda. Disse che non la conosceva e che non era mai successo, e che mai avrebbe fatto una cosa del genere. Nel fare riferimento al racconto di una donna violentata con un bastone di legno come dimostrazione di "ferocia", mise in dubbio la veridicità della versione fornita. Aggiunse anche che l'edificio del centro culturale è costruito in maniera tale che sarebbe stato difficile vedere cosa succedeva all'interno dalla porta di ingresso e che è difficile per una donna sdraiata all'interno sapere chi è alla porta.

Riferì, poi, che c'erano donne che si rifugiavano ovunque, anche al di fuori dell'ufficio comunale e che ce n'erano anche nel centro culturale, negando che l'Interahamwe abbia portato lì delle donne.

Rispondendo all'esame della Camera, l'imputato dichiarò di aver sentito parlare di stupri a Kigali, ma solo dopo che era fuori dal Paese. Quando gli fu chiesto dalla Camera di rispondere alla testimonianza di violenza sessuale, egli sottolineò che lo stupro non era stato menzionato nelle dichiarazioni preprocessuali delle testimoni J ed H, sebbene quest'ultima, durante l'esame della Camera, avesse parlato del suo stupro agli investigatori.

L'accusato suggerì che il suo atto d'accusa fosse stato modificato a causa delle pressioni esercitate dal movimento delle donne in Rwanda.

Sempre durante l'esame della Camera, egli riconobbe come possibile che fossero avvenuti degli stupri nel comune di Taba, ma insistette sul fatto che non fosse avvenuta alcuna violenza sessuale presso l'ufficio comunale. Disse di aver appreso per la prima volta della le accuse di stupro a Taba alla Camera e che erano un'invenzione dell'accusa.

In fatto.

Dopo aver esaminato attentamente la testimonianza dei testimoni dell'accusa in merito alle violenze sessuali, la Camera ritenne che vi fossero sufficienti prove credibili per stabilire al di là di ogni ragionevole dubbio che durante gli eventi del 1994, le ragazze e le donne Tutsi erano state sottoposte a violenza sessuale, picchiate e uccise all'interno o nelle vicinanze dei locali dell'ufficio comunale di Taba, così come altrove all'interno del medesimo comune.

Le testi H, JJ, OO ed NN hanno tutte dichiarato di essere state violentate, e tutte (comprese quindi KK e PP), ad eccezione di OO, hanno affermato di aver assistito allo stupro di altre ragazze e donne nel comune di Taba.

Centinaia di Tutsi, per lo più donne e bambini, avevano cercato rifugio presso l'ufficio comunale durante questo periodo e molti stupri sono stati lì commessi, dentro o vicino alla sede: ad esempio, la testimone JJ è stata prelevata da un Interahamwe dal luogo dove si era rifugiata, vicino all'ufficio comunale, portata in un'area boschiva vicina e violentata. Ha testimoniato che questo accadeva spesso ad altre giovani ragazze e donne che si trovavano nel luogo di rifugio.

Ella è stata anche stuprata ripetutamente in due diverse occasioni nel centro culturale dei locali dell'ufficio comunale, una volta in un gruppo di quindici ragazze e donne e una volta in un gruppo di dieci ragazze e donne.

La teste KK ha visto le donne e le ragazze selezionate e portate dall'Interahamwe al centro culturale per essere violentate.

La testimone H ha visto delle donne stuprate fuori dalla sede dell'ufficio comunale, e il testimone NN ha visto due Interahamwe prendere una donna e violentarla tra l'ufficio comunale e il centro culturale.

La teste OO è stata prelevata dall'ufficio comunale e violentata in un campo vicino; PP ha visto tre donne violentate a Kinihira, il luogo dell'omicidio vicino al Bureau, e la Testimone

NN ha trovato sua sorella minore, morente, dopo essere stata violentata all'ufficio comunale.

Molti altri casi di stupro a Taba, al di fuori del Bureau, nei campi, sulla strada, dentro o appena fuori le case, sono stati descritti da tutte le testi escusse.

KK e PP hanno descritto anche altri atti di violenza sessuale che hanno avuto luogo su o vicino ai locali dell'ufficio comunale, lo spogliamento forzato e l'umiliazione pubblica di ragazze e donne.

Su tali dichiarazioni, la Camera ha osservato che "gran parte delle violenze sessuali hanno avuto luogo davanti a un gran numero di persone, e che tutto ciò era diretto contro le donne Tutsi"[68].

Con poche eccezioni, la maggior parte degli stupri e tutti gli altri atti di violenza sessuale descritti dai testimoni dell'accusa sono stati commessi dall'Interahamwe, anche se non è stato stabilito se gli autori dello stupro della testimone H in un campo di sorgo e sei degli uomini che hanno stuprato NN fossero Interahamwe.

Nel caso di NN, due dei suoi stupratori erano vicini di casa, due erano ragazzi adolescenti e due erano pastori, e non ci sono prove che nessuna di queste persone fosse Interahamwe.

"*Tuttavia, per quanto riguarda tutte le prove di stupri e violenze sessuali che hanno avuto luogo all'interno o nelle vicinanze dei locali del Bureau communal, i colpevoli sono stati tutti identificati come Interahamwe. Gli Interahamwe sono identificati anche come autori di molti stupri avvenuti al di fuori dell'ufficio comunale, tra cui gli stupri della testimone H, della testimone OO, della testimone NN, della figlia del testimone J, di una donna vicina alla morte vista dalla testimone KK e di una donna chiamata Vestine, vista dalla testimone PP. Non vi è alcun suggerimento in nessuna delle prove che l'accusato o qualsiasi poliziotto comunale abbia commesso uno stupro, e sia la testimone JJ che la testimone KK hanno affermato di non aver mai visto l'accusato violentare nessuno*"[69].

---

[68] *Prosecutor v. Akayesu*, cit., par. 449.

[69] *Prosecutor v. Akayesu*, cit., par. 451.

Nel considerare il ruolo dell'accusato nei fatti di violenza sessuale che ha avuto luogo e l'ampiezza della sua conoscenza diretta di tali episodi, la Camera prese in considerazione solo prove dirette e inequivocabili.

H ha testimoniato che Akayesu era presente durante lo stupro di donne Tutsi al di fuori della sede del Bureau, ma non potendo confermare che fosse a conoscenza del fatto che gli stupri stavano avendo luogo, la Camera non prese in considerazione questa testimonianza nella sua valutazione delle prove.

Anche le dichiarazioni di PP sono state stralciate dalle prove circa le aggressioni sessuali, perché non è stato provato che l'imputato fosse presente a Kinihira, dove sono avvenute le uccisioni.

Tuttavia, sulla base delle prove fornite e dalle testimonianze assunte, il Tribunale ha ritenuto, "*al di là di ogni ragionevole dubbio che l'imputato avesse ragione di sapere, e di fatto sapeva, delle violenze sessuali che si svolgevano all'interno o nelle vicinanze della sede dell'ufficio comunale e che le donne venivano portate via da lì e violate sessualmente. Non ci sono prove che l'imputato avesse adottato tutte le misure per prevenire atti di violenza sessuale o per punirne gli autori. In realtà ci sono prove che egli ha ordinato, istigato e altrimenti aiutato e si sia reso complice di violenza sessuale. L'imputato ha visto, e non ha fatto nulla, due Interahamwe che trascinavano una donna per essere violentata tra l'ufficio comunale e quello culturale. I due poliziotti del comune di fronte al suo ufficio hanno assistito allo stupro ma non hanno fatto niente per impedirlo*"[70].

Nelle due occasioni in cui JJ è stata portata al centro culturale dell'ufficio comunale per essere violentata, lei e il gruppo di ragazze e donne che erano con lei erano hanno superato l'accusato, lungo la strada. Nella prima occasione lui le guardava, e in quella successiva si trovava all'ingresso del centro culturale. In questa seconda occasione disse: "Non chiedermi mai più che sapore ha una donna Tutsi".

La teste JJ ha descritto l'imputato, mentre faceva queste

[70] *Prosecutor v. Akayesu*, cit., par. 452.

dichiarazioni, che egli parlava come se stesse incoraggiando un giocatore, più in generale ha dichiarato che l'accusato era quello che "supervisionava" gli atti di stupro.

Quando la teste OO e altre due ragazze sono state arrestate dagli Interahamwe quelli andarono dall'accusato e gli dissero che portavano via le ragazze per andare a letto con loro. Egli rispose di prenderle.

Non solo, egli disse all'Interahamwe di spogliare Chantal e farla marciare. Rideva e si rallegrava a guardarla, poi gli disse di portarla via con questa frase "dovresti prima di tutto assicurarti di dormire con questa ragazza".

La Camera ha considerato questa dichiarazione come prova che l'imputato ha ordinato e istigato la violenza sessuale, anche se non sono state presentate prove sufficienti per stabilire al di là di ogni ragionevole dubbio che Chantal sia stata di fatto violentata.

Nell'effettuare le sue constatazioni fattuali, la Camera ha considerato attentamente l'esame incrociato dei testimoni dell'accusa e le prove presentate dalla difesa.

Per quanto riguarda il controinterrogatorio, il Tribunale ha rilevato che la difesa non ha messo in dubbio le testimonianze di J o H sullo stupro, anche se la Camera ha interrogato entrambe sulla circostanza.

Le testimoni JJ, OO, KK, NN e PP sono state interrogate dalla difesa in merito alle loro dichiarazioni sulla violenza sessuale, ma la le testimonianze in sé non sono mai state messe in discussione. Dettagli come il luogo in cui sono avvenuti gli stupri, quanti stupratori c'erano, quanti anni avevano, se l'imputato avesse o meno partecipato agli stupri, se sono state violentate e se gli stupratori avessero usato il preservativo sarebbero stati argomenti che la difesa ha trattato nel proprio controesame, ma la stessa non ha mai messo in dubbio che gli stupri non avessero avuto luogo, né ha mai messo in discussione specifici episodi di violenza.

La linea principale di interrogatorio della difesa in merito agli stupri e ad altre violenze sessuali, si è incentrata soprattutto sul provare che l'imputato aveva l'autorità per fermare le violenze e che si era prodigato per proteggere i rifugiati.

La difesa ha sollevato discrepanze tra le dichiarazioni scritte delle testimoni precedenti al processo e rilasciate presso l'Ufficio del Procuratore e la loro testimonianza davanti al Tribunale, per mettere in discussione la loro credibilità.

La Corte ha preso in considerazione tali discrepanze che sono state contestate ai testimoni che hanno deposto in relazione agli atti di violenza sessuale e le ha trovate infondate o irrilevanti.

Ad esempio, la difesa contestò a PP, citando la sua dichiarazione preprocessuale, che era rimasta a casa durante il genocidio ma che poi aveva dichiarato di essere uscita spesso, in ciò contraddicendosi. La Camera fece notare alla difesa che altrove, nella sua dichiarazione preprocessuale, la testimone PP aveva anche detto: "*Uscivo spesso di casa*". La Camera stabilì che durante questo periodo, ella è rimasta, in generale, nel comune di Taba, ma che spesso è andata fuori di casa sua.

Per quanto riguarda le incongruenze accertate dalla difesa, la Camera le ha considerate irrilevanti. Ad esempio, la testimone OO ha detto, nella sua dichiarazione preprocessuale, che si è recata all'ufficio comunale quattro giorni dopo che nell'incidente aereo aveva perso la vita il presidente Habyarimana, mentre nella sua testimonianza in aula, ha riferito di essere andata al Bureau comunale una settimana dopo il disastro.

La testimone PP ha riferito, nella sua dichiarazione preprocessuale, che quando ha salvato Vestine, quest'ultima è stata poi portata via da Habarurena, ma poi, in aula ha detto di aver lasciato Vestine a casa di Emmanuel, da cui Vestine è stata presa da Habarurena.

Se le donne Tutsi fossero state spogliate durante il tragitto verso Kinihira è il fulcro di un'altra discrepanza tra la dichiarazione preprocessuale e la deposizione di PP.

Tuttavia, la Corte non ha ritenuto che queste incongruenze fossero abbastanza decisive da ritenere non credibili le testi.

Secondo il Tribunale, le contraddizioni tra le dichiarazioni preprocessuali e quelle rese al processo potevano essere spiegate con la difficoltà di ricordare dettagli precisi a distanza di diversi anni dal verificarsi degli eventi, il trauma vissuto dalle testimoni di questi eventi, le difficoltà di traduzione e il fatto che diversi testi erano analfabeti e hanno dichiarato di non aver letto le loro dichiarazioni scritte.

La difesa nella sua arringa conclusiva ha usato l'esempio di J per dimostrare la disonestà dei testimoni dell'accusa. Ha ricordato che la ragazza aveva testimoniato che lei era incinta di sei mesi, e che quando suo fratello è stato ucciso si è arrampicata su un albero ed è rimasta lì per un'intera settimana nelle sue condizioni, senza cibo. Per la difesa, J non ha detto di essere rimasta su un albero per un un'intera settimana senza cibo, ma ha riferito che quando ha avuto fame è scesa e si è recata a casa di un vicino per il cibo il quale successivamente le portava il cibo e lei poi passava la notte sull'albero.

Al controesame, J ha testimoniato che scendeva dall'albero ogni notte. Quello che la difesa ha caratterizzato come la "fantasia" di questa testimone, che poteva essere "di interesse per gli psicologi e non per la giustizia", ella l'ha identificato come disperazione, rispondendo alle provocazioni della difesa con questa frase: "*Se qualcuno ti inseguisse, saresti in grado di arrampicarti su un albero*?".

Dei dodici testimoni presentati dalla Difesa, oltre agli accusati, solo due, DZZ e DCC, hanno testimoniato di essere andati regolarmente al *Bureau communal* dopo l'inizio degli omicidi a Taba. Questi due testimoni si sono contraddetti a vicenda su ciò che hanno visto e sentito.

Il testimone DZZ, un ex poliziotto comunale attualmente detenuto in Rwanda, ha deposto di non aver sentito di alcun caso di stupro in tutto il comune durante questo periodo. Ha dichiarato di essere stato ogni giorno all'ufficio comunale e di non aver visto nessuno subire violenze sessuali, né di aver visto alcuno commettere crimini in quel luogo: un'affermazione categorica che, alla luce di tutte le altre testimonianze e alla luce delle evidenze probatorie circa gli omicidi avvenuti, è stata ritenuta altamente improbabile. Del resto, l'imputato stesso ha testimoniato che gli omicidi erano avvenuti nel *Bureau communal.*

Il testimone DCC, attualmente detenuto in Rwanda, ha confermato anche lui che gli omicidi sono avvenuti all'ufficio comunale, ma non aveva mai sentito parlare di violenza contro le donne a Taba. Egli ha negato di aver portato Alexia, la moglie di Ntereye, nel veicolo in dotazione all'ufficio comunale e poi a Kinihira, e ha testimoniato che questo veicolo si era già guastato prima dell'inizio dei massacri. Eppure, il teste della difesa DAX ha testimoniato che il veicolo del comune era in uso tra Aprile e Giugno; e la testimone PP ha anche testimoniato di aver visto l'autista utilizzarlo in questo lasso di tempo.

Per questi motivi la Corte non considerò come attendibile le testimonianze di DZZ e DCC in merito alla violenza sessuale.

La maggior parte dei testimoni della difesa non si è recata presso l'ufficio comunale durante il periodo dal 7 Aprile 1994 alla fine di Giugno 1994.

Il testimone DCX, che aveva riferito di non aver mai sentito parlare di violenza sessuale, si è recato all'ufficio comunale solo due volte durante questo periodo, per motivi personali, ed è passato dall'ufficio più volte; DEEX, una donna tutsi, che ha testimoniato di essersi recata una volta all'ufficio comunale, ha sentito dire che le donne venivano violentate dall'Interahamwe prima di essere uccise. Gli altri testimoni della difesa che avevano dichiarato di non aver mai udito di violenza sessuale, hanno dichiarato che non sono andati all'ufficio comunale in nessun momento dopo l'inizio degli omicidi.

I testimoni DBB, DAX, DAAX, DIX, DJX, DFX e Matata non si sono mai recati all'ufficio comunale durante questo periodo, addirittura DAAX e Matata, che è stato chiamato come esperto, non si trovava nel comune di Taba durante questo periodo, e il testimone DBB era in clandestinità dopo il 17 Aprile 1994.

Alla luce di ciò, la Corte ha ritenuto che questi testimoni non fossero in grado di sapere cosa fosse esattamente accaduto all'ufficio comunale di Taba.

Oltretutto, alcuno di loro, fatta eccezione per DAAX, ha avuto una qualsiasi conversazione con l'accusato riguardo a ciò che stava accadendo lì; solo DAAX medesimo, un prefetto, ha testimoniato di aver perso i contatti con l'accusato dopo il 18 Aprile 1994, prima che iniziassero gli omicidi.

Pertanto, si può concludere a buon diritto che le dichiarazioni di questi soggetti non screditano le prove presentate dai testimoni dell'accusa.

Per quanto riguarda la testimonianza dell'imputato, la Camera ha trovato ben poche prove o argomentazioni concrete in relazione alle violenze sessuali diverse dalla sua nuda negazione che si siano verificate.

Il solo "incidente" specifico a cui Akayesu ha fatto riferimento nell'esame diretto è stato il forzato spogliarsi e sfilare di Chantal, che lui però ha negato essere mai avvenuto.

Durante l'interrogatorio della Corte, egli ha successivamente fatto riferimento ad altri episodi e ad una dichiarazione che si diceva avesse fatto al di fuori del centro culturale, affermando che sarebbe stato difficile per una persona che si trovava in piedi all'ingresso dell'ufficio vedere e sentire cosa accadesse al suo interno, esattamente come sarebbe stato difficile per qualcuno che si trovasse sdraiato all'interno vedere e udire cosa accadeva all'esterno.

L'imputato, con riguardo alle sue osservazioni, non ha affermato che ciò fosse impossibile, e che esse erano state fatte in modo spontaneo piuttosto che per difendersi; egli ha semplicemente dichiarato che c'era poco da dire sulle accuse di violenza sessuale, che, a differenza degli omicidi, queste erano impossibili e nemmeno da discutere.

Di fronte ai racconti personali di prima mano di donne che avevano sperimentato e avevano assistito a violenze sessuali a Taba e presso l'ufficio comunale, e che avevano giurato che l'imputato era presente e aveva visto ciò che stava accadendo, il Tribunale non ha accettato come credibile la dichiarazione di Akayesu.

Egli insistette sul fatto che le accuse erano infrondate, ma la sua difesa non produsse alcuna prova a sostegno di quanto da lui affermato.

In diritto.

L'articolo 3 dello Statuto di Roma definisce quali sono gli atti che costituiscono i crimini contro l'umanità: omicidio, sterminio, schiavitù, deportazione, prigionia, tortura, stupro, persecuzione per motivi politici, razziali e religiosi; e altri atti disumani.

Sebbene la categoria di atti che costituiscono crimini contro l'umanità sia indicata nell'articolo 3[71], esso non è tuttavia esaustivo.

Qualsiasi atto di natura e carattere disumano può costituire un crimine contro l'umanità, a condizione che gli altri elementi siano soddisfatti. Questo è evidente alla lettera (i) che si occupa di tutti gli altri atti disumani non previsti dalle lettere da a) a h) dell'articolo 3.

L'imputato Akayesu è stato accusato di omicidio, sterminio, tortura, stupro e altri atti che costituiscono atti disumani, e pertanto, il Tribunale nell'interpretare l'articolo 3 dello Statuto, si è concentrato solo su questi atti.

Considerando la misura in cui gli stupri costituiscono crimini contro l'umanità, in base a all'articolo 3, lettera g), dello Statuto, la Corte ha dovuto definire lo stupro, in quanto nel diritto internazionale non c'è una definizione comunemente accettata di

---

71 "*Articolo 3: Crimini contro l'umanità*
Il Tribunale Internazionale per il Ruanda ha il potere di perseguire i responsabili dei seguenti crimini se commessi nell'ambito di un attacco diffuso o sistematico contro qualsiasi popolazione civile per motivi nazionali, politici, etnici, razziali o religiosi:
a) omicidio;
(b) sterminio;
(c) riduzione in schiavitù;
(d) deportazione;
(e) detenzione;
(f) Tortura;
(g) stupro;
(h) persecuzioni per motivi politici, razziali e religiosi;
(i) altri atti disumani" Statut du Tribunal pénal international pour le Rwanda, p. 61 https://unictr.irmct.org/sites/unictr.org/files/legal-library/100131_Statute_en_fr_0.pdf (Rwanda)

questo delitto. Infatti, mentre in alcune giurisdizioni nazionali lo stupro è stato definito come rapporto sessuali non consensuale, "*variazioni sull'atto di stupro possono comprendere atti che comportano l'inserimento di oggetti e/o l'uso di orifizi corporei non considerati intrinsecamente sessuale*"[72].

"*La Camera ritiene che lo stupro sia una forma di aggressione e che gli elementi centrali del reato di stupro non possano essere catturati in una descrizione meccanica degli oggetti e parti del corpo. La Convenzione contro la tortura e altri atti crudeli, inumani e il trattamento o la punizione degradante non cataloga atti specifici nella sua definizione di tortura, concentrandosi piuttosto sul lavoro di inquadramento concettuale della violenza sancita dallo Stato. Questo è più utile nel diritto internazionale. Come la tortura, lo stupro è usato per scopi come intimidazione, degradazione, umiliazione, discriminazione, punizione, controllo o la distruzione di una persona. Come la tortura, lo stupro è una violazione della dignità personale, e lo stupro costituisce una tortura se inflitta per istigazione di un pubblico ufficiale o con il suo consenso o di un'altra persona che agisce in veste ufficiale*"[73].

La Camera definisce lo stupro come un'invasione fisica di natura sessuale, commessa in circostanze coercitive. E deve essere commesso:

a. nell'ambito di un'ampia diffusione o di un attacco sistematico;

b. contro una popolazione civile;

c. per determinati motivi discriminatori catalogati, vale a dire: nazionali, etnici, politici, per motivi razziali o religiosi.

Il Tribunale ritiene che lo stupro sia una forma di aggressione e che gli elementi centrali del reato non possano essere racchiusi in una descrizione meccanica degli oggetti e delle parti del corpo, inoltre viene rilevato le sensibilità culturali coinvolte nella pubblica discussione di questioni intime e ricorda la dolorosa riluttanza e l'incapacità dei testimoni di rivelare dettagli anatomici delle

---

72 *Prosecutor v. Akayesu*, cit., par. 596.

73 *Prosecutor v. Akayesu*, cit., par. 597.

violenze sessuali subite.

La Convenzione delle Nazioni Unite contro la tortura e altre pene o trattamenti crudeli, inumani e degradanti non cataloga atti specifici nella sua definizione di tortura, ma si concentra piuttosto sul quadro concettuale della violenza sancita dallo Stato. Il Tribunale ritiene che questo approccio sia più utile nel contesto del diritto internazionale.

"*Come la tortura, lo stupro è usato come intimidazione, degrado, umiliazione, discriminazione, punizione, controllo o distruzione di una persona. Come la tortura, lo stupro è una violazione della dignità personale, e, infatti, costituisce una tortura quando viene inflitto da o su istigazione o con la il consenso di un pubblico ufficiale o di un'altra persona che agisce in veste ufficiale*"[74].

"*Come detto, il Tribunale definisce lo stupro come un'invasione fisica di natura sessuale, commessa in circostanze che sono coercitive. A differenza dello stupro, nel concetto del Tribunale, la violenza sessuale non si limita all'invasione fisica di un corpo umano e può includere atti che non comportano la penetrazione o anche contatto fisico. L'episodio descritto dalla testimone KK in cui l'imputato ha ordinato all'Interahamwe di spogliare una studentessa e costringerla a fare ginnastica nuda in pubblico nel cortile dell'ufficio comunale, di fronte a una folla, costituisce violenza sessuale*"[75].

Il Tribunale osserva in questo contesto che le circostanze coercitive non hanno bisogno di essere evidenziate da una dimostrazione di forza fisica. Minacce, intimidazioni, estorsioni e altre forme di costrizione che rendono preda della paura o della disperazione possono rappresentare una forma di coercizione, e la coercizione può essere inerente a determinate circostanze, come ad esempio un conflitto armato o la presenza militare dell'Interahamwe tra le donne tutsi rifugiate presso l'ufficio comunale. La violenza sessuale rientra nell'ambito di "altri atti disumani", secondo l'articolo 3(i) dello Statuto del Tribunale[76],

---

[74] *Prosecutor v. Akayesu*, cit., par. 687.

[75] *Prosecutor v. Akayesu*, cit., par. 688.

[76] "*Articolo 3: Crimini contro l'umanità*

"oltraggi sulla dignità della persona", di cui all'articolo 4, lettera e)[77], dello Statuto, e "grave danno mentale o corporeo", di cui all'articolo 2, comma 2, lettera b), dello Statuto[78].

Il Tribunale osserva che, come stabilito dal Pubblico Ministero, i capi d'accusa da 13 a 15 sono basati sugli atti come descritto nei paragrafi 12(A) e 12(B) della messa in stato d'accusa e i capi di imputazione contenuti in questi paragrafi della messa in stato d'accusa sono limitate agli eventi che si sono verificati "all'interno o nelle vicinanze dei locali comuni dell'ufficio". Molti dei pestaggi, stupri e omicidi, così come stabilito dalle prove presentate al processo, ha avuto luogo al di fuori dell'ufficio comunale e, pertanto, il Tribunale non ha emesso alcuna sentenza in merito a questi incidenti.

"*Il Tribunale ha osservato, inoltre, che sulla base degli atti descritti ai paragrafi 12(A) e 12(B), l'imputato è accusato solo ai sensi dell'articolo 3(g) (stupro) e 3(i) (altri atti disumani) del suo Statuto, ma non dell'articolo 3(a) (omicidio) o dell'articolo 3(f) (tortura).*

Analogamente, sulla base degli atti descritti ai paragrafi 12(A) e 12(B), l'imputato è accusato solo ai sensi dell'articolo 4(e) (oltraggio alla dignità

Il Tribunale Internazionale per il Ruanda ha il potere di perseguire i responsabili dei seguenti crimini se commessi nell'ambito di un attacco diffuso o sistematico contro qualsiasi popolazione civile per motivi nazionali, politici, etnici, razziali o religiosi: (...) (i) Altri atti disumani".

77 "*Articolo 4: Violazioni dell'articolo 3 comune alle Convenzioni di Ginevra e del Protocollo aggiuntivo II.*

2. Il Tribunale internazionale per il Ruanda ha il potere di perseguire le persone che commettono o ordinano di commettere gravi violazioni dell'articolo 3 comune alle Convenzioni di Ginevra del 12 agosto 1949 per la protezione delle vittime di guerra e del Protocollo addizionale II dell'8 giugno 1977. Tali violazioni includono, ma non sono limitate a: (...) (e) Oltraggi alla dignità personale, in particolare trattamenti umilianti e degradanti, stupri, prostituzione forzata e qualsiasi forma di aggressione indecente (...)", *ibidem.*

78 "*Articolo 2: Genocidio*

1. 1. Il Tribunale internazionale per il Ruanda ha il potere di perseguire le persone che commettono il genocidio come definito al paragrafo 2 del presente articolo o di commettere uno degli altri atti elencati al paragrafo 3 del presente articolo.

2. 2. Per genocidio si intende uno dei seguenti atti commessi con l'intento di distruggere, in tutto o in parte, un gruppo nazionale, etnico, razziale o religioso, in quanto tale: (...) (b) causare gravi danni fisici o mentali ai membri del gruppo; (...)", *ibidem.*

personale) del suo statuto, e non dell'articolo 4(a) (violenza alla vita, alla salute e al benessere fisico o mentale delle persone, in particolari omicidi e trattamenti crudeli come la tortura, le mutilazioni o qualsiasi forma di punizione corporale). Poiché questi paragrafi non sono menzionati altrove nell'atto di accusa in relazione a questi altri articoli pertinenti dello Statuto del Tribunale, il Tribunale conclude che l'accusato non è stato accusato di pestaggi e omicidi che sono stati accertati come crimini contro l'umanità o violazioni dell'articolo 3 Comune alle Convenzioni di Ginevra. Il Tribunale osserva, tuttavia, che i paragrafi 12(A) e 12(B) sono citati nei capi di imputazione 1-3, Genocidio, e considera le percosse e le uccisioni, così come la violenza sessuale, in relazione ad essi"[79].

Il Tribunale ha ritenuto che l'imputato avesse motivo di sapere, e di fatto sapeva, che atti di violenza sessuale si sono verificati all'interno o nelle vicinanze dei locali dell'ufficio comunale e che non ha preso alcuna misura per prevenirli o per punire i loro autori. "*Il Tribunale rileva che è solo in considerazione dei capi d'accusa 13, 14 e 15 che l'imputato è accusato di responsabilità penale individuale ai sensi dell'articolo 6, paragrafo 3, del suo statuto, per il quale 'l'individuo è penalmente responsabile in qualità di superiore per gli atti di un subordinato se sapeva o aveva motivo di sapere che il subalterno stava per commettere tali atti o lo aveva fatto e il superiore non riuscì a prendere le misure necessarie e ragionevoli per prevenire tali atti o per punire i colpevoli di esso'. Sebbene le prove supportino la constatazione che esisteva una relazione superiore/subordinato tra l'accusato e l'Interahamwe che era al Bureau comunale, il Tribunale rileva che non vi è alcuna imputazione nell'atto d'accusa che gli Interahamwe, che vengono definiti 'milizia locale armata', fossero subordinati di Akayesu*"[80].

Questo rapporto è un elemento fondamentale del reato di cui all'articolo 6, paragrafo 3[81], che potrebbe essere interpretato

---

[79] *Prosecutor v. Akayesu*, cit., par. 689-90.

[80] *Prosecutor v. Akayesu*, cit., par. 691.

[81] "*Art. 6: Responsabilità penale individuale (...) 3. 3. Il fatto che uno degli atti di cui agli articoli da 2 a 4 del presente Statuto sia stato commesso da un subordinato non esonera il suo superiore dalla responsabilità penale se sapeva o aveva motivo di sapere che il subordinato stava*

come implicante un'accusa di responsabilità di comando richiesta dall'articolo medesimo. In via equitativa nei confronti dell'imputato, il Tribunale non ha interpretato la norma in questo senso, pertanto ha ritenuto di non poter considerare la responsabilità penale dell'imputato ai sensi dell'articolo 6, paragrafo 3.

Il Tribunale constata, ai sensi dell'art. 6, n. 1[82], del suo Statuto, che l'imputato, con parole sue ha ordinato, istigato, reso possibile e si è reso lui stesso complice in maniera specifica , dei seguenti atti sessuali:

1- molteplici atti di stupro di dieci ragazze e donne, tra cui la testimone JJ, da parte di numerosi Interahamwe nel centro culturale dell'ufficio comunale;

2- lo stupro della teste OO da parte di un Interahamwe di nome Antoine in un campo vicino al bureau comune;

3- la spogliazione forzata e la marcia pubblica di Chantal nuda all'ufficio di presidenza comunale.

Il Tribunale ha constatato, ai sensi dell'art. 6, n. 1, del suo Statuto, che l'imputato ha aiutato e ha favorito i sopra descritti atti di violenza sessuale, permettendo che si svolgessero all'interno o vicino ai locali dell'ufficio comunale, mentre era presente sul posto, per quanto riguarda il punto 1, e in sua presenza per quanto riguarda i punti 2 e 3, e facilitando la commissione di questi atti attraverso le sue parole di incoraggiamento e così, in virtù della sua autorità, ha inviato un chiaro segnale di tolleranza ufficiale nei confronti di condotte sessualmente violente, senza la quale i seguenti atti non avrebbero avuto luogo:

a. molteplici atti di stupro di quindici ragazze e donne, tra cui

---

per commettere tali atti o li aveva commessi e il superiore non ha adottato le misure necessarie e ragionevoli per prevenire tali atti o per punirne gli autori.", *ibidem.*

82 "*Articolo 6: Responsabilità penale individuale*

1. 1. Colui che ha progettato, istigato, ordinato, commesso o comunque concorso nella progettazione, preparazione o esecuzione di un reato di cui agli articoli da 2 a 4 del presente Statuto, è individualmente responsabile del reato (...)".

la testimone JJ, da parte di numerosi Interahamwe nel centro culturale dell'ufficio comunale;

b. lo stupro di una donna da parte dell'Interahamwe tra due edifici del bureau comune, come testimoniato da NN;

c. la spogliazione forzata della moglie di Tharcisse dopo averla fatta sedere nel fango all'esterno dell'ufficio comunale, come ha testimoniato KK.

Il Tribunale ha ritenuto, ai sensi dell'articolo 6, paragrafo 1, del suo Statuto, che l'imputato, avendo avuto motivo di sapere che si stava verificando una violenza sessuale, abbia favorito e non impedito atti di violenza sessuale, permettendo che essi si svolgessero all'interno o nelle vicinanze dei locali del *bureau communal* e facilitandone la commissione attraverso le sue parole di incoraggiamento così inviando, a causa della sua autorità e in virtù della stessa, un chiaro segnale di tolleranza ufficiale per le violenze sessuali, senza il quale le seguenti condotte non avrebbero avuto luogo:

1. lo stupro della testimone JJ da parte di un Interahamwe che l'ha presa dall'esterno dell'ufficio comunale e l'ha violentata in una foresta vicina;

2. lo stupro della sorella minore della testimone NN da parte di un Interahamwe del *Bureau communal*;

3. gli stupri multipli di Alexia, moglie di Ntereye, e delle sue due nipoti Louise e Nishimwe da parte di un Interahamwe vicino al Bureau communal;

4. la spogliazione forzata di Alexia, moglie di Ntereye, e delle sue due nipoti Louise e Nishimwe, e la costrizione delle donne ad eseguire esercizi nude in pubblico vicino al *Bureau communal.*

Il Tribunale ha stabilito che un attacco diffuso e sistematico contro la popolazione civile di etnia Tutsi ha avuto luogo a Taba, e più in generale in Rwanda, tra il 7 Aprile e la fine di Giugno 1994 e che gli stupri e altri atti disumani che hanno avuto luogo all'interno o nelle vicinanze della sede del *Bureau communal* di Taba siano stati commessi come parte di questo attacco.

"*Per quanto riguarda le accuse di cui ai paragrafi 12 (A) e 12 (B) del capo di imputazione, il Procuratore ha dimostrato al di là di ogni ragionevole dubbio che tra il 7 Aprile e la fine di Giugno 1994, numerosi Tutsi che si sono rifugiati presso il comune di Taba sono stati spesso picchiato dai membri dell'Interahamwe all'interno o nelle vicinanze dei locali dell'ufficio comunale. Alcuni di loro sono stati uccisi. Numerose donne Tutsi sono state costrette a subire atti di violenza sessuale, mutilazioni e stupri, spesso ripetutamente, spesso pubblicamente e spesso da più di un aggressore. Le donne Tutsi sono state sistematicamente violentate, come una sola vittima femminile ha testimoniato dicendo che 'ogni volta che incontri degli aggressori, ti violentano'. Numerosi episodi di tali stupri e violenze sessuali contro le donne Tutsi si sono verificati all'interno o nelle vicinanze dell'ufficio comunale. È stato dimostrato che alcuni poliziotti comunali armati di pistole e lo stesso accusato erano presenti mentre alcuni di questi stupri e violenze sessuali sono state commesse. Inoltre, è dimostrato che in diverse occasioni, con la sua presenza, il suo atteggiamento e le sue parole, Akayesu ha incoraggiato tali atti, un particolare testimone ha dichiarato che Akayesu, si è rivolto all'Interahamwe che stava commettendo violenza dicendogli 'non chiedermi mai più che sapore ha una donna Tutsi' e nell'opinione della Corte, ciò costituisce un tacito incoraggiamento agli stupri*"[83]

"*A parere del Tribunale, i suddetti atti dei quali Akayesu è accusato lo rendono in effetti individualmente responsabile penalmente per aver partecipato alla preparazione o all'esecuzione delle uccisioni dei membri del gruppo Tutsi e l'inflizione di gravi danni fisici e mentali sui membri di tale gruppo*"[84].

Per quanto riguarda, in particolare, gli atti descritti ai paragrafi 12(A) e 12(B), ovvero stupro e violenza sessuale, la Corte ha sottolineato il fatto che, a suo parere, essi "*costituiscono un genocidio come qualsiasi altro atto perché sono stati commessi con il preciso intento di distruggere, in tutto o in parte, una particolare gruppo, mirato in quanto tale. Infatti, lo stupro e la violenza sessuale costituiscono certamente un'inflizione di gravi danni fisici e mentali sulle vittime e sono assimilabili, secondo la Corte,*

---

83 *Prosecutor v. Akayesu*, cit., par. 706.

84 *Prosecutor v. Akayesu*, cit., par. 707.

ad uno dei modi peggiori per infliggere un danno alla vittima mentre soffre sia danni fisici e mentali. Alla luce di tutte le prove che lo precedono, il Tribunale ha maturato il convincimento che gli atti di stupro e di violenza sessuale sopra descritti, sono stati commessi esclusivamente contro le donne Tutsi, molte delle quali hanno subito la peggiore umiliazione pubblica, mutilate, e stuprate più volte, spesso in pubblico, nei locali dell'Ufficio Comunale o in altre sedi, tutti luoghi pubblici, e spesso da più di un assalitore. Questi stupri hanno dato luogo a violenze fisiche e distruzione psicologica delle donne tutsi, delle loro famiglie e delle loro comunità. La violenza sessuale è stata parte integrante del processo di distruzione, in particolare contro le donne Tutsi e contribuendo in modo specifico alla loro distruzione e alla distruzione del gruppo etnico dei Tutsi nel suo complesso"[85].

"*Lo stupro delle donne Tutsi è stato sistematico ed è stato perpetrato contro tutte le donne di quell'etnia e solo contro di loro. Una donna Tutsi, sposata con un Hutu, ha testimoniato davanti alla Corte che non è stata violentata perché la sua origine etnica era sconosciuta. Come parte di una campagna di propaganda volta a mobilitare gli Hutu contro i Tutsi, le donne Tutsi venivano presentate come oggetti sessuali. In effetti, è stato detto al Tribunale, per esempio, che prima di essere violentata e uccisa, Alexia, che era la moglie del professor Ntereye, e le sue due nipoti, sono state costrette dall'Interahamwe a spogliarsi ed è stato loro ordinato di correre e fare esercizi 'per mostrare le cosce delle donne Tutsi'. L'Interahamwe che ha violentato Alexia ha detto, mentre la gettava a terra e si metteva sopra di lei, 'Vediamo ora come è fatta la vagina di una donna Tutsi'. Come detto sopra, lo stesso Akayesu, parlando agli Interahamwe che commettevano gli stupri, disse loro: 'Non chiedete mai più che sapore ha una donna Tutsi'. Questa rappresentazione sessualizzata dell'identità etnica illustra che le donne Tutsi sono state vittime di violenza sessuale perché erano Tutsi.*

La violenza sessuale è stata una fase del processo di distruzione del gruppo Tutsi, distruzione dello spirito, della volontà di vivere e della vita stessa"[86].

Sulla base delle sostanziali testimonianze che le sono state sottoposte, la Corte ha ritenuto che, "nella maggior parte dei casi,

---

85 *Prosecutor v. Akayesu*, cit., par. 731.

86 *Prosecutor v. Akayesu*, cit., par. 732.

gli stupri di donne Tutsi a Taba, sono stati accompagnati con l'intento di uccidere quelle donne. Molti sono stati perpetrati vicino a fosse comuni dove le donne erano state portate per essere uccise. Una vittima ha testimoniato che le donne Tutsi catturate potevano essere portate via da contadini e uomini con la promessa che sarebbero stati radunati in seguito per essere giustiziati. In seguito a un atto di stupro di gruppo, un testimone ha sentito Akayesu dire 'domani saranno uccisi' e sono stati effettivamente uccisi. A questo proposito, appare chiaramente alla Camera che gli atti di stupro e di violenza sessuale, come altri atti di grave danno fisico e mentale impiegati contro i Tutsi, rifletteva la determinazione di far soffrire le donne Tutsi e mutilarle ancora prima di ucciderle, con l'intento di distruggere il gruppo Tutsi mentre venivano inflitte sofferenze acute ai suoi membri nel processo di annientamento"[87].

"*Alla luce di quanto precede, la Camera constata innanzitutto che gli atti descritti sopra sono stati agiti infatti come enumerato nell'articolo 2, comma 2, dello Statuto, che costituisce l'elemento di fatto del reato di genocidio, vale a dire le uccisioni di Tutsi o le gravi lesioni corporali e il danno mentale a loro inflitto. La Camera è ulteriormente convinta oltre ogni ragionevole dubbio che questi vari atti siano stati commessi da Akayesu con l'intento specifico di distruggere il gruppo Tutsi, in quanto tale. Di conseguenza, la Camera è del parere che gli di cui ai paragrafi 12, 12A, 12B, 16, 18, 19, 20, 22 e 23 dell'atto di accusa e provati in precedenza, costituiscano il reato di genocidio, ma non il reato di complicità; quindi, la Camera ritiene Akayesu individualmente responsabile penalmente del genocidio*"[88]

[87] *Prosecutor v. Akayesu*, cit., par. 733.
[88] *Prosecutor v. Akayesu*, cit., par. 734.

Il verdetto.

"Per le motivazioni principali, dopo aver considerato tutte le prove e le argomenti,

LA CAMERA *all'unanimità dichiara quanto segue:*

Capo d'accusa 1: Colpevole di genocidio

Capo d'accusa 2: Non colpevole di complicità in genocidio

Capo d'accusa 3: Colpevole del crimine contro l'umanità (sterminio)

Capo d'accusa 4: Colpevole di incitamento diretto e pubblico al genocidio

Capo d'accusa: Colpevole di Crimine contro l'Umanità (omicidio)

Capo d'accusa: non colpevole di violazione dell'articolo 3 comune alle Convenzioni di Ginevra (omicidio)

Capo d'accusa: Colpevole di Crimine contro l'Umanità (omicidio)

Capo d'accusa: non colpevole di violazione dell'articolo 3 comune alle Convenzioni di Ginevra (omicidio)

Capo d'accusa: Colpevole di Crimine contro l'Umanità (omicidio)

Capo d'accusa: non colpevole di violazione dell'articolo 3 comune alle Convenzioni di Ginevra (omicidio)

Capo d'accusa: Colpevole del crimine contro l'umanità (tortura)

Capo d'accusa: Non colpevole di violazione dell'articolo 3 comune alle Convenzioni di Ginevra (trattamento crudele)

Capo d'accusa: Colpevole di Crimine contro l'Umanità (stupro)

Capo d'accusa: Colpevole del crimine contro l'umanità (altri atti inumani)

Capo d'accusa 15: non colpevole di violazione dell'articolo 3 comune alle Convenzioni di Ginevra e dell'articolo 4, paragrafo 2, lettera e), del protocollo aggiuntivo II (oltraggio alla dignità della persona, in particolare stupro, trattamento degradante e umiliante e aggressione indecente)"[89].

---

[89] *Prosecutor v. Akayesu, ibidem*: "FOR THE FOREGOING REASONS, *having considered all of the evidence and the arguments,*

THE CHAMBER *unanimously finds as follows:*

Count 1: Guilty of Genocide

Count 2: Not guilty of Complicity in Genocide

Akayesu ha interposto appello alla sentenza che l'ha condannato, ma è stato rigettato e al momento sta scontando l'ergastolo in un carcere del Mali.

Count 3: Guilty of Crime against Humanity (Extermination)
Count 4: Guilty of Direct and Public Incitement to Commit Genocide
Count 5: Guilty of Crime against Humanity (Murder)
Count 6: Not guilty of Violation of Article 3 common to the Geneva Conventions (Murder)
Count 7: Guilty of Crime against Humanity (Murder)
Count 8: Not guilty of Violation of Article 3 common to the Geneva Conventions (Murder)
Count 9: Guilty of Crime against Humanity (Murder)
Count 10: Not guilty of Violation of Article 3 common to the Geneva Conventions (Murder)
Count 11: Guilty of Crime against Humanity (Torture)
Count 12: Not guilty of Violation of Article 3 common to the Geneva Conventions (Cruel Treatment)
Count 13: Guilty of Crime against Humanity (Rape)
Count 14: Guilty of Crime against Humanity (Other Inhumane Acts)
Count 15: Not guilty of Violation of Article 3 common to the Geneva Conventions and of Article 4(2)(e) of Additional Protocol II (Outrage upon personal dignity, in particular Rape, Degrading and Humiliating Treatment and Indecent Assault)"

L'eredità del caso Akayesu.

La sentenza Akayesu è stata emessa il 2 Settembre 1998 dal Tribunale penale internazionale per il Rwanda. Jean-Paul Akayesu, allora sindaco del comune di Taba, è stato accusato di genocidio, crimini contro l'umanità e crimini di guerra, di aver saputo che erano stati commessi atti di violenza sessuale e di aver facilitato la commissione di tali atti consentendone il compimento nei locali del comune.

Va notato che oggi la violenza sessuale e di genere è una sfida attuale del diritto internazionale moderno. I crimini di stupro sono commessi durante i conflitti armati, dai funzionari statali e persino dai rappresentanti delle Nazioni Unite durante le operazioni di mantenimento della pace. L'Assemblea Generale nella sua risoluzione 70/114[90] ha esortato a prendere misure per rafforzare la risposta dell'Organizzazione allo sfruttamento e agli abusi sessuali commessi dai funzionari dell'ONU e dagli esperti in missione. La risoluzione 1820[91] del Consiglio di sicurezza dell'ONU ha ribadito ancora una volta che la violenza sessuale può essere equiparata a crimini di guerra, crimini contro l'umanità e atti di genocidio.

In particolare, la sentenza Akayesu è considerata un *leading case* in quanto:

- ha riconosciuto che gli atti di violenza sessuale possono essere perseguiti come elementi costitutivi di una campagna genocida;
- ha dato al diritto internazionale umanitario una nuova ampia definizione di stupro nel quadro dei crimini contro l'umanità: prima della sentenza Akayesu, il concetto di stupro nel

---

[90] A/RES/70/114 (2015), Risoluzione adottata dall'Assemblea generale della Nazioni Unite il 14 Dicembre 2015 (https://undocs.org/pdf?symbol=en/a/res/70/114=

[91] S/RES/1820 (2008) Risoluzione adottata dal Consiglio di Sicurezza il 19 Giugno 2008 (https://www.securitycouncilreport.org/atf/cf/%7B65BFCF9B-6D27-4E9C-8CD3-CF6E4FF96FF9%7D/CAC%20S%20RES%201820.pdf=

diritto umanitario internazionale, secondo le disposizioni dello Statuto del Tribunale penale internazionale per l'ex Jugoslavia e del Tribunale penale internazionale per il Rwanda stesso, rientrava nell'ambito dei crimini contro l'umanità, ma, come si è detto, nel caso Akayesu, questo concetto ha ricevuto un'interpretazione più ampia. Infatti, il Tribunale ha indicato che non esiste una definizione comunemente accettata del termine "stupro" nel diritto internazionale e ha lo poi definito come un'invasione fisica di natura sessuale, commessa su una persona in circostanze coercitive. Inoltre, il Tribunale ha paragonato la nudità forzata alla violenza sessuale stabilendo fermamente che gli atti di violenza sessuale non sono limitati a quelli che implicano penetrazione o anche contatto sessuale[92];

- in particolare, ha influenzato in modo significativo il riconoscimento giuridico della disposizione sulla violenza sessuale in altri documenti internazionali. Infatti, il più grande contributo del caso Akayesu è stato il modo in cui ha influenzato il riconoscimento giuridico della disposizione sulla violenza sessuale nello Statuto di Roma all'art. 7[93], che ha istituito la Corte penale internazionale nel 2002, divenuta la prima Corte della nostra storia a cui è stata conferita l'autorità di comminare sanzioni per i crimini commessi nei conflitti armati. Le definizioni di Akayesu di stupro e violenza sessuale sono state accolte dal Tribunale Penale Internazionale per l'ex Jugoslavia e sono servite come definizione internazionalmente accettata per i crimini di violenza sessuale in tutti i casi del TPIY (ad esempio i casi Celebici e Furundzija).

Nelle parole del Consiglio di Sicurezza, proprio in seguito al caso Akayesu, la violenza sessuale dovrebbe essere proibita non

---

92 *Prosecutor v. Akayesu*, cit., par. 688.

93 Statuto di Roma "*Articolo 7 - Crimini contro l'umanità.*
1. Ai fini del presente Statuto, per "crimine contro l'umanità" si intende uno dei seguenti atti, se commesso nell'ambito di un attacco diffuso o sistematico diretto contro qualsiasi popolazione civile, con la conoscenza dell'attacco: (...) (g) stupro, schiavitù sessuale, prostituzione forzata, gravidanza forzata, sterilizzazione forzata o qualsiasi altra forma di violenza sessuale di gravità paragonabile (...)"

solo per i suoi effetti dannosi per le persone, ma anche perché essa può esacerbare significativamente le situazioni di conflitto armato e può ostacolare il ripristino della pace e della sicurezza internazionale[94].

Il primo caso presieduto dall'ICTR è stato quello contro Jean Paul Akayesu, ed è diventato una sentenza storica non solo perché è stata la prima condanna internazionale di un individuo per genocidio, atteso che le varie sentenze dei processi di Norimberga non avevano mai utilizzato il termine specifico, ma ha fornito una definizione di stupro su un palcoscenico internazionale e, cosa più importante, è stato il primo caso ad accusare un imputato di stupro come atto di genocidio.

Secondo l'ICTR lo stupro è: "*un'invasione fisica di natura sessuale, commessa su una persona in circostanze coercitive. La violenza sessuale, che include lo stupro, è considerata un atto di natura sessuale commesso su una persona in circostanze coercitive. Questo atto deve essere commesso:*

a) nell'ambito di un'aggressione diffusa o sistematica

b) su una popolazione civile

c) per determinati motivi discriminatori catalogati, vale a dire: nazionali, etnici, politici, razziali o religiosi".

L'elemento della coercizione è stato fondamentale rispetto al punto di vista tradizionale, atteso che ha identificato il reato in termini di non consenso della vittima al rapporto sessuale e in termini di parti del corpo dell'autore del reato e della vittima.

La coercizione in una zona di conflitto può essere elemento dirimente perché la questione del consenso viene sradicata in condizioni di forza schiacciante in un attacco diffuso e sistematico. Anche l'alterazione rispetto alla tradizionale penetrazione dell'ano, della bocca o della vagina con il pene (cioè la necessità di utilizzare parti del corpo per commettere il reato) si adattava agli atti inflitti

---

94 S/RES/1820 (2008) Risoluzione adottata dal Consiglio di Sicurezza il 19 Giugno 2008, cit.

alle donne Tutsi. Questo ha anche dimostrato l'avanzamento rispetto agli eventi di Nanchino, dove le donne sono state stuprate e mutilate con baionette, lunghi bastoni di bambù o qualsiasi altro oggetto.

Il Tribunale ha specificamente menzionato questi atti nella sentenza per garantire che non ci fosse alcuna ambiguità in termini di ciò che altro potrebbe essere interpretato come violenza sessuale.

Per quanto riguarda la condanna di Akayesu per stupro come atto di genocidio, la decisione della Corte può essere semplificata in tre fasi, una volta stabilita la definizione di stupro.

Gli stupri erano, senza dubbio, diffusi e sistematici. Le donne Tutsi erano prese di mira solo per la loro appartenenza a un gruppo e l'atto di stupro di solito anticipava l'omicidio della vittima. Ci sono diversi paralleli fra l'articolo 2 della Convenzione sul Genocidio e l'articolo 2 dello Statuto dell'ICTR, in particolare il fatto di aver preso di mira un gruppo specifico e l'intento di distruggerlo. L'unico punto di contrasto è la classificazione dell'atto stesso. È qui che il Tribunale ha utilizzato la propria interpretazione della legislazione per costruire la condanna.

Gli stupri sono stati visti come uno strumento di guerra utilizzato con l'intento di distruggere i Tutsi, tuttavia l'effetto di tale atto ha inflitto gravi ferite e danni alle vittime. Ciò ha portato alla conclusione che lo stupro era, in realtà, un atto genocida e poteva essere visto sotto la stessa luce della tortura, quindi si è potuto trarre una correlazione con l'articolo 2, paragrafo 2, lettera b).

L'unico punto debole in questa prospettiva è questo: e se lo stupro non fosse un preludio alla morte? Il Tribunale ha tenuto conto anche di un tale scenario.

Se la vittima dovesse sopravvivere, ci sarebbero alcune questioni culturali che dovrebbero essere prese in considerazione: i Tutsi sono un esempio di società patriarcale e se una donna viene violentata diventa socialmente sterile, in virtù della sua "non coniugabilità" o "intoccabilità". Inoltre, se la vittima restasse incinta, cosa che in certi casi è avvenuta, stante l'intenzione degli Hutu di infliggere maggiori umiliazioni, in una società strettamente patriarcale dove la linea della paternità è sacra, il bambino verrebbe cacciato e ritenuto inesistente. Questa considerazione culturale, unita all'obiettivo specifico di un gruppo (quello dei Tutsi) e all'intento di distruggere, si allinea all'articolo 2, paragrafo 2, lettera d).

Infine, la posizione occupata da Akayesu, quella di *bourgmestre*, è significativa. Egli era una persona importante per la sua comunità; *ipso facto* le sue parole avrebbero avuto un peso per il popolo. Quindi, anche se Akayesu stesso non era parte del reato, poteva essere accusato ai sensi dell'articolo 2, paragrafo 3, lettera c), dello Statuto dell'ICTR per incitamento al genocidio.

Ci sono state occasioni in cui Akayesu avrebbe potuto prevenire gli stupri e ha scelto di non intervenire, e poiché il Tribunale ha stabilito che l'incitamento alla commissione del delitto non deve essere diretto ma può essere implicito. Pertanto, non cercando di fermare nessuno degli stupri quando gli si è presentata l'opportunità di farlo, l'imputato ha indotto la Corte a ritenere che avesse avallato tali azioni. Inoltre, è emersa in più punti della sentenza la famosa frase: "non chiedermi mai più che sapore ha una donna Tutsi" dopo che un membro dell'Interahamwe aveva violentato una ragazza Tutsi all'ingresso del centro culturale, dove Akayesu si trovava spesso. Ciò ha dimostrato, ancora una volta il suo incitamento alla commissione degli stupri e questa volta di pubblico dominio.

La sentenza Akayesu fa una serie di constatazioni degne di nota.

In primo luogo, gli omicidi accaduti in Rwanda a metà del 1994 erano chiaramente indirizzati a sterminare il gruppo che era stato preso di mira (i Tutsi) e, data la loro innegabile portata, sistematicità e atrocità, costituiscono indubbiamente un genocidio all'interno della definizione tradizionale di tale termine, come si riflette sia nella Convenzione sul genocidio e nello statuto dell'ICTR.

Ci sono stati alcuni che hanno continuato ad affermare che sia la pulizia nei Balcani che le uccisioni rwandesi del 1994 costituiscono genocidio a causa del presunto intento degli autori o a causa dell'identità delle vittime prese di mira.

È stato suggerito, ad esempio, che, poichè che in entrambi i casi i colpevoli cercavano principalmente di acquisire terra occupata da altri, né i Tutsi né i musulmani (o altri gruppi nei Balcani) sono mai stati realmente presi di mira per lo sterminio.

Altri si sono chiesti se le persone uccise in Rwanda a metà del 1994, cioè i Tutsi e gli Hutu che li appoggiavano, siano stati attaccati sulla base dell'etnia in contrapposizione alle loro convinzioni politiche. Altri ancora hanno suggerito che, almeno nel caso del Rwanda, ciò che è accaduto è stato un doppio genocidio per il quale sia i Tutsi che gli Hutu condividono lo stesso destino e la stessa responsabilità.

Tutte queste contestazioni sono esplicitamente o implicitamente respinte nella sentenza. I giudici di Akayesu non hanno problemi a identificare quegli aspetti del massacro rwandese del 1994 che soddisfano il requisito dell'intento specifico richiesto per il genocidio. I giudici indicano una testimonianza specifica sulla natura delle atrocità, tra cui l'uccisione di neonati e donne incinte e il taglio dei tendini di Achille per evitare la fuga, come prova della volontà degli autori di non risparmiare alcun Tutsi. Inoltre, il Tribunale ha adottato una definizione straordinariamente moderna di gruppo etnico, che accetta la sua natura costruita, pur riconoscendone l'auto-identificazione etnica: ad esempio i giudici hanno approvato la definizione data da un testimone esperto, Alison Desforges, il quale osserva che il criterio principale per definire un gruppo etnico non risiede nella differenza di aspetto, lingua o cultura, ma nel senso di appartenenza a quel gruppo etnico, un senso che può mutare nel tempo esattamente come mutano le definizioni dei gruppi rilevanti.

Una seconda conquista riguarda la preservazione della memoria della collettività.

I giudici di Akayesu rendono più comprensibili gli omicidi barbarici (anche se non meno orribili), cercando di fare i modo che, in futuro, le generazioni imparino dagli errori del passato.

Il Tribunale è riuscito, anche se in modo succinto, ad indicare i fatti necessari ed essenziali per capire il genocidio del 1994, comprese le distinzioni delle origini di Tutsi/Hutu.

I giudici suggeriscono che le distinzioni etniche in Rwanda erano recenti, e possono essere fatte risalire all'eredità del colonialismo; affermano che, nella mente dei colonizzatori europei, i Tutsi assomigliavano di più a loro per l'altezza e il colore, ed erano, quindi, più intelligenti e più idonei a governare. Essi indicano, inoltre, come gli amministratori coloniali belgi abbiano contribuito a istituzionalizzare il loro razzismo dividendo la popolazione rwandese in tre gruppi "etnici", e rilasciando carte d'identità obbligatorie contenenti i dettagli dell'appartenenza etnica dei titolari.

Queste prime sezioni della sentenza sfatano il mito che le uccisioni del 1994 siano state in qualche modo spontanee. Al contrario, i giudici affermano che il genocidio è stato meticolosamente organizzato e pianificato e comprendeva la preparazione di liste di Tutsi da eliminare, l'addestramento dei miliziani da parte delle forze armate rwandesi, nonché uno sforzo coordinato dei media autoctoni (in particolare della radio).

In terzo luogo, i giudici elaborano il controverso reato di incitamento al genocidio, affermando che esso non deve essere diretto, ma può essere implicito.

La sentenza Akayesu mostra una sensibilità per le specificità della violenza di genere che non era presente nelle precedenti decisioni internazionali dalla fine della Seconda guerra mondiale o, più recentemente, all'interno del Tribunale per la ex Jugoslavia.

La sentenza Akayesu afferma che gli stupri, in particolare contro le donne, sia come membri di un gruppo etnico che come donne in quanto tali, possono costituire genocidio: "*nelle società patriarcali, dove l'appartenenza ad un gruppo è determinata dall'identità del padre, un esempio di una misura volta a prevenire le nascite all'interno di un gruppo è rappresentato proprio dallo stupro quando una donna del suddetto gruppo viene deliberatamente messa incinta da un uomo di un altro gruppo, con l'intento di farle partorire un bambino che di conseguenza non apparterrà al gruppo di sua madre*"[95].

I giudici affermano che i fatti alla base del genocidio rwandese indicano che il *genocidal rape* è stato "*un passo nel processo di distruzione del gruppo Tutsi*" e le violenze, agite con intento omicida "*sono state commesse esclusivamente contro le donne Tutsi, molte delle quali sono state sottoposte alla peggiore umiliazione, mutilazione e stupro più volte, spesso in pubblico. (...) e spesso da più di un assalitore*".

La sentenza afferma anche che le "*misure volte a prevenire le nascite all'interno del gruppo*" possono essere mentali notando che "*lo stupro può essere una misura volta a prevenire nascite quando la persona violentata si rifiuta di procreare successivamente, nello stesso modo in cui i membri di un gruppo possono essere condotti, attraverso minacce o traumi, a non procreare*".

I giudici affermano anche che lo stupro di massa può costituire un crimine contro umanità. A questo proposito, viene scritto che, mentre non c'è "*una definizione di stupro comunemente accettata nel diritto internazionale, ma lo stesso comprende gli atti usati per scopi come l'intimidazione, il degrado, l'umiliazione, la discriminazione, la punizione, il controllo o la distruzione di una persona*", e definiscono lo stupro come un'invasione fisica di natura sessuale, commesso in circostanze che sono coercitive. A tal fine, essi affermano che lo stupro, se inflitto da un pubblico ufficiale o su istigazione di esso o con il suo consenso o l'acquiescenza o di un'altra persona che agisce con ali poteri costituisce una tortura, riconoscendo, in particolare, che violenza la sessuale, compreso lo stupro, se commessa nell'ambito di un'azione diffusa o di un attacco sistematico e discriminatorio contro una popolazione civile costituisce un crimine contro l'umanità. Infatti, Akayesu è stato giudicato colpevole di genocidio e di crimini contro l'umanità, in

---

95 *Prosecutor v. Akayesu*, cit.

parte a causa dei suoi legami con la violenza sessuale.

Ombre dopo la sentenza[96].

La sentenza contro Akayesu ha rappresentato una pietra miliare per la giustizia di genere, ma, purtroppo, essa non è stata foriera di un reale cambiamento all'interno della giurisprudenza dell'ICTR.

Il caso relativo agli abusi nella prefettura di Cyangugu presenta un interessante contrappunto.

Nessuna accusa di violenza sessuale è stata inclusa nei capi di imputazione originali contro gli imputati André Ntagerura, Emmanuel Bagambiki e Samuel Imanishimwe, funzionari militari e di governo in Cyangugu[97].

L'Associazione locale delle Vedove del Genocidio dell'Aprile 1994 (AVEGA) si organizzò per aiutare gli investigatori a trovare testimoni che avrebbero deposto sulle violenze sessuali nella prefettura[98].In risposta, il Pubblico Ministero annunciò che intendeva modificare l'accusa contro gli accusati Bagambiki e Imanishimwe "il prima possibile" per includere quelle di stupro, ma ci vollero mesi per farlo.

Dopo aver finalmente depositato la mozione, il procuratore capo Del Ponte venne convocato davanti alla Camera di prova.

Come nel caso Akayesu, le testimoni hanno iniziato a deporre sulle violenze sessuali subite in prefettura durante il processo e, ancora una volta, come nel caso Akayesu, la Coalizione si mosse esortando il Tribunale a chiedere al pubblico ministero di modificare l'atto d'accusa per includervi le accuse di violenza sessuale. Questa volta, tuttavia, il Pubblico Ministero si oppose alla mozione della Coalizione, sostenendo che la scelta delle accuse da presentare era a discrezione dell'accusa; il Tribunale respinse la

---

96 Tradotto da B.Van Schaack, *Engendering Genocide The Akayesu Case Before the International Criminal Tribunal for Rwanda*, Legal Studies Research Papers Series, Working Paper No. 08-55, July 2008, pp. 1-30 (Schaack, 2008)

97 *Prosecutor v. Ntagerura*, cit.; *Prosecutor v. Bagambiki*, Case No. 97-36-I, Indictment (13 Ottobre 1997) (Prosecutor v. Bagambiki, 1997).

98 Human rights wat.ch, *Shattered lives*, cit., par. 14.

mozione della Coalizione, schierandosi a favore della Procura[99]. Inoltre, su mozione della difesa, essa escluse le prove di crimini non inseriti nel capo di imputazione, come la violenza sessuale, temendo un pregiudizio per l'imputato. Il Tribunale, infine, assolse Ntagerura e Bagambiki per mancanza di prove condannando però Imanishimwe[100] e il verdetto fu confermato in appello.

Il Rwanda ha successivamente annunciato che avrebbe processato l'imputato Bagambiki, un tempo prefetto del Cyangugu, per violenza sessuale, anche se l'ICTR aveva stabilito che non era responsabile dei massacri della prefettura in cui si era verificata la presunta violenza sessuale. Poiché prima dell'ICTR non era stata presentata alcuna accusa di stupro, non si è verificato il *bis in idem*.

Al fine di sottoporre l'imputato a processo, il Rwanda chiese l'estradizione dalla Tanzania e alla fine lo processò e condannò per stupro in contumacia nell'Ottobre 2007. Bagambiki ottenne poi asilo politico in Belgio, che sta attualmente valutando la richiesta di estradizione rwandese, anche se fra i due Paesi non esiste un trattato in tal senso.

Altri casi hanno incontrato destini simili.

A un certo punto, più della metà dei capi d'accusa dell'ICTR includevano accuse di stupro e altre violenze sessuali (molte delle quali riguardavano capi d'accusa aggiunti a seguito di emendamento del capo di imputazione principale). Molti processi, tuttavia, si sono conclusi con l'assoluzione per l'accusa di stupro e violenza sessuale.

Ad esempio, il caso Prosecutor v. Musema ha portato a una condanna per stupro come genocidio e come crimine contro l'umanità davanti alla stessa Camera di giustizia che presiedette al caso Akayesu.

Nella sentenza al par. 933 si può leggere: "*Gli atti di grave*

---

99 *Prosecutor v. Ntagerura, Bagambiki & Imanishimwe*, Case No. ICTR-99-46-T, Judgment (25 Febbraio 2004) (Prosecutor v. Ntagerura, Bagambiki & Imanishimwe, 2004).

100 *Prosecutor v. Ntagerura, Bagambiki & Imanishimwe*, cit.

danno fisico e mentale, tra cui lo stupro e altre forme di violenza sessuale, erano spesso accompagnati da espressioni umilianti, che indicavano chiaramente che l'intenzione alla base di ogni specifico atto era quella di distruggere il gruppo Tutsi nel suo complesso. La Camera osserva, ad esempio, che durante lo stupro di Nyiramusugi, Musema ha dichiarato: 'L'orgoglio dei Tutsi finirà oggi'. In questo contesto, gli atti di stupro e di violenza sessuale erano parte integrante del piano concepito per distruggere il gruppo Tutsi. Tali atti hanno riguardato in particolare le donne tutsi e hanno contribuito in modo specifico alla loro distruzione e quindi a quella del gruppo Tutsi in quanto tale. Il testimone N ha testimoniato davanti alla Camera che Nyiramusugi, che, lasciata a morire da coloro che l'hanno violentata, è stata effettivamente uccisa in un certo senso. Il testimone ha infatti specificato che 'quello che le hanno fatto è peggio della morte"[101].

Musema è stato accusato di aver violentato personalmente una donna Tutsi nel Maggio 1994, ma in appello, emersero nuove prove che misero in discussione la testimonianza presentata al processo di primo grado. La Camera dei ricorsi stabilì pertanto che si era verificato un errore giudiziario e annullò la condanna per stupro[102].

Nel caso del procuratore contro Kajelijeli, l'imputato venne assolto dall'accusa di stupro, perché due giudici ritennero che la testimone chiave non fosse credibile a causa di incoerenze nella sua

---

[101] *Prosecutor v. Musema*, Case No. ICTR-96-13-A, Judgment and Sentence, par. 933 (27 Gennaio 2000): "*acts of serious bodily and mental harm, including rape and other forms of sexual violence were often accompanied by humiliating utterances, which clearly indicated that the intention underlying each specific act was to destroy the Tutsi group as a whole. The Chamber notes, for example, that during the rape of Nyiramusugi, Musema declared: 'The pride of the Tutsis will end today.' In this context, the acts of rape and sexual violence were an integral part of the plan conceived to destroy the Tutsi group. Such acts targeted Tutsi women, in particular, and specifically contributed to their destruction and therefore that of the Tutsi group as such. Witness N testified before the Chamber that Nyiramusugi, who was left for dead by those who raped her, had indeed been killed in a way. Indeed, the Witness specified that 'what they did to her is worse than death*" (Prosecutor v. Musema, 2000).

[102] *Musema*, Case No. ICTR-96-13-A, Judgment, par. 172-194 (6 Novembre 2001 (Prosecutor v. Musema appeal, 2001).

testimonianza al processo e nelle dichiarazioni agli investigatori[103]. Nella sua *dissenting opinion*, il giudice Arlette Ramaroson (Madagascar) sostenne però che le incongruenze non erano dovute a una mancanza di credibilità, ma ad un'indagine incompetente[104].

Successivamente, la Procura, non avendo interposto appello contro la sentenza di assoluzione, è stata punita dai giudici per negligenza.

Altre assoluzioni per stupro si sono verificate nei casi contro Niyitegeka (assoluzione dalle accuse di stupro inteso come crimine contro l'umanità per insufficienza di prove)[105], Muvunyi (assoluzione perché la procura non dimostrò che l'accusato sapeva, o aveva ragione di sapere, che i suoi sottoposti avevano commesso degli stupri)[106], e Kamuhanda [107]. La Procura non ha presentato ricorso contro queste assoluzioni.

In altri casi, come per gli imputati Ndindabahizi[108], Nzabirinda[109], Serushago[110], e Bisengimana[111], il Pubblico ministero ha ritirato i capi d'accusa per violenza sessuale.

Dall'istituzione del Tribunale, quindi, solo una manciata di imputati sono stati giudicati colpevoli di crimini di genere, tra cui

---

103 *Prosecutor v. Kajelijeli*, Case No. 98-44A-T, Judgment, par. 908-925 (1 Dicembre 2003) (Prosecutor v. Kajelijeli, 2003).

104 Kajelijeli, Case No. 98-44A-T, Dissenting Opinion of Judge Arlette Ramaroson, par. 26-28, 36 (1 Dicembre 2003) (Ramaroson, 2003)

105 *Prosecutor v. Niyitegeka*, cit..

106 *Prosecutor v. Muvunyi*, Case No. 00-55A-T, Judgment (12 Settembre 2006) (Prosecutor v. Muyunyi, 2006).

107 *Prosecutor v. Kamuhanda*, Case No. 95-54A-T, Judgment (22 Gennaio 2004) (Prosecutor v. Kamuhanda, 2004).

108 *Prosecutor v. Ndindabahizi*, Case No. 01-71-I, Judgment, par. 13 (15 Luglio 2004) (Prosecutor v. Ndindabahizi, 2004).

109 *Prosecutor v. Nzabirinda*, Case No. 01-77-T, Judgment, par. 3, 4, 44 (23 Febbraio 2007) (Prosecutor v. Nzabirinda, 2007).

110 *Prosecutor v. Serushago*, cit.

111 *Prosecutor v. Bisengimana*, Case No. 00-60-T, Judgment, par. 7, 12 (13 Aprile 2006) (Prosecutor v. Bisengimana, 2006)

Akayesu, Gacumbitsi[112], Semanza[113], e Muhimana[114], nel quale ultimo caso, la Corte d'appello assolse l'imputato dall'accusa di genocidio, annullando l'accertamento della responsabilità penale per due specifici stupri, e affermando la colpevolezza per crimini contro l'umanità rispetto ad altri atti di stupro. Tutti gli imputati delle cause appena citate erano accusati di stupro come crimine contro l'umanità. Solo Akayesu è stato condannato per stupro genocida, forse il suo caso è un'anomalia?

Come spiegare questo apparente *revirement* di fronte ai crimini di violenza di genere? Ci possono essere alcune spiegazioni.

La prima di esse potrebbe riguardare la composizione del collegio giudicante e alla presenza di giudici donne.

Il giudice Pillay ha osservato che "*chi interpreta la legge è importante almeno quanto chi fa la legge, se non di più (...). Non posso sottolineare quanto io consideri critico il fatto che le donne siano rappresentate e che una prospettiva di genere sia integrata a tutti i livelli dell'indagine, dell'accusa, della difesa, della protezione dei testimoni e della magistratura*"[115].

La maggior parte delle critiche contro questa apparente tendenza a non seguire la linea demarcata dalla sentenza Akayesu è rivolta all'Ufficio del Pubblico Ministero dell'ICTR, e in particolare all'allora Procuratore capo Del Ponte[116].

---

112 *Prosecutor v. Gacumbitsi*, Case No. 01-64-T, Judgment (June 17, 2004) (Prosecutor v. Gacumbitsi, 2003)

113 *Prosecutor v. Semanza*, Case No. ICTR-97-20-T, Judgment (May 15, 2003) (Prosecutor v. Semanza, 2003).

114 *Prosecutor v. Muhimana*, Case No. ICTR-95-1B-T, Judgment (Apr. 28, 2005) (Prosecutor v. Muhimana, 2005).

115 U.N. Division for the Advancement of Women and Centre for Refugee Studies, York University, Canada, Gender-Based Persecution: Report of the Expert Group Meeting, at 33, EGM/GBP/1997/ Report, (Nov. 9-12, 1997), https://documents-dds-ny.un.org/doc/UNDOC/GEN/G98/102/91/pdf/G9810291.pdf?OpenElement (Studies)

116 Lasciando l'incarico di Procuratore Capo, il giudice Goldstone ha creato una squadra investigativa sulla violenza sessuale e ha nominato Patricia Viseur-

I sostenitori della giustizia di genere hanno accusato Del Ponte e l'Ufficio del Pubblico Ministero di Kigali di aver trascurato il perseguimento dei reati di violenza sessuale commessi in Rwanda. Dopo che il Procuratore non è riuscito a modificare l'atto d'accusa nel caso Cyangugu, ad esempio, la Coalizione ha chiesto un incontro con Del Ponte, inviando una lettera al Procuratore nella quale esprimevano le loro preoccupazioni e accusandolo di aver trascurato la giustizia di genere. Così scrivevano: "*Crediamo che il suo curriculum di quattro anni come procuratore dell'ICTR non dimostri alcun impegno concreto a sviluppare efficacemente le prove per portare avanti tali accuse, nonostante le prove di lunga data e schiaccianti della violenza sessuale durante il genocidio del 1994 in Ruanda*"[117].

La Coalizione ha espresso preoccupazioni simili in una lettera all'allora Segretario Generale delle Nazioni Unite, Kofi Annan, che all'epoca stava considerando il rinnovo di Del Ponte.

Alcuni giorni dopo, Annan annunciò la nomina di Hassan Bubacar Jallow (Gambia) in sostituzione di Del Ponte come procuratore capo dell'ICTR. Del Ponte ha lasciato il suo posto al TPII nel dicembre 2007 ed è stata sostituita dal belga Serge Brammertz.

Diverse politiche e pratiche dell'Ufficio del Procuratore sono state oggetto di critiche specifiche.

Sellers Legal officer in relazione alle questioni di genere per l'Ufficio del Procuratore al fine di dirigere l'incriminazione di individui responsabili di tali crimini in Jugoslavia e Rwanda. Sul punto il Giudice Goldstone ha scritto che subito dopo il suo "*arrivo come Procuratore Capo all'Aia il 15 agosto 1994, [egli] fu sommerso da lettere e petizioni di donne e uomini negli Stati Uniti, in Canada e in molte nazioni dell'Europa occidentale. Queste lettere lo imploravano di prestare adeguata attenzione ai crimini legati al genere*" (Hon. Richard J. Goldstone, *Prosecuting Rape as a War Crime*, 34 CASE W. RES. J. INT'L L. 277, 280 (2002). Il procuratore Arbour ha continuato questo lavoro, guadagnandosi l'elogio dei sostenitori del genere per il suo approccio globale alla giustizia di genere (sul punto Human rights watch, *Shattered lives*, cit., p. 10)

[117] Lettera Coalition for Women's Human Rights in Conflict Situations/Carla Del Ponte, Prosecutor, International Criminal Tribunal for Rwanda (12 Marzo 2003).

Il fallimento delle prime indagini per far emergere le accuse di violenza sessuale è dovuto al fatto che la maggior parte degli investigatori erano uomini, provenienti dalle forze di polizia nazionali, con poca esperienza o formazione nel raccogliere le testimonianze di stupro delle donne vittime e nel preparare il processo.

I critici sottolineano anche l'originaria mancanza di competenze in materia di giustizia di genere nell'Ufficio del Procuratore; la decisione del 2000 di sciogliere la squadra investigativa sulle violenze sessuali formata nel 1997; la mancanza di coordinamento tra l'Ufficio del Procuratore e l'Unità Vittime e Testimoni; la mancata aggiunta dei capi d'accusa di violenza sessuale a quelli nuovi nonostante le prove disponibili; il perseguimento delle denunce di violenza sessuale con prove inadeguate; e la mancata integrazione completa e coerente delle indagini sulla violenza sessuale nella strategia investigativa o processuale. Dopo ripetute esperienze frustranti con il Tribunale, diversi gruppi di vittime in Rwanda hanno alla fine interrotto ogni collaborazione con la magistratura.

Un rapporto indicava che i sentimenti travolgenti espressi dai sopravvissuti agli stupri in Rwanda riguardo alla loro esperienza con l'ICTR erano rabbia bruciante, profonda frustrazione, speranze deluse, indignazione e persino rassegnazione.

Nel complesso, sembra che l'Ufficio del Procuratore abbia proceduto senza una strategia coerente per indagare sulla violenza sessuale o una teoria su come la violenza sessuale si fosse inserita nel modo in cui il genocidio è stato commesso in Rwanda. Laddove le accuse di stupro sono state al centro di una strategia del pubblico ministero, sono diventate superflue.

Conclusioni.

Gran parte della giurisprudenza che si è formata sul punto è servita come base per le disposizioni sulla violenza di genere nello Statuto di Roma che ha creato la Corte penale internazionale permanente ("CPI").

Infatti, lo Statuto d Roma si caratterizza non solo per l'inclusività di genere nel suo diritto sostanziale, ma anche nelle sue strutture e procedure. In particolare, lo Statuto della CPI contiene un elenco esteso di crimini di genere nelle disposizioni sui crimini di guerra e sui crimini contro l'umanità. Infatti, l'art. 8(2)(b)(xxii) ed (e)(vi) dello Statuto di Roma enumera specificamente i crimini di stupro, schiavitù sessuale, prostituzione forzata, gravidanza forzata, sterilizzazione forzata e altre forme di violenza sessuale come crimini di guerra, siano essi commessi in conflitti armati internazionali o non internazionali. Gli stessi crimini sono elencati come crimini contro l'umanità nell'art. 7(1)(g). La schiavitù come crimine contro l'umanità è definita anche con riferimento alla tratta di donne e bambini, all'art. 7(2)(c).

Il genere è elencato come la base sulla quale un'etnia o una razza può essere perseguitata. Per quanto riguarda la possibilità di accusare uno soggetto di *genocidal rape*, la definizione di genocidio di cui all'articolo 6 dello Statuto di Roma[118] rispecchia quella della Convenzione sul genocidio[119]. Tuttavia, gli *Elements of crimes*, redatti

---

118 "*Articolo 6 - Genocidio*
Ai fini del presente Statuto, per "genocidio" si intende uno dei seguenti atti commessi con l'intento di distruggere, in tutto o in parte, un gruppo nazionale, etnico, razziale o religioso, in quanto tale:
(a) Uccidere membri del gruppo;
(b) causare gravi danni fisici o mentali ai membri del gruppo;
(c) infliggere deliberatamente al gruppo condizioni di vita calcolate per provocare la sua distruzione fisica totale o parziale;
(d) imporre misure volte a prevenire le nascite all'interno del gruppo;
(e) trasferire con la forza i figli del gruppo ad un altro gruppo".

119 "*Art. II - Nella presente Convenzione, per genocidio si intende ciascuno degli atti seguenti,*

per assistere la CPI nell'interpretazione dei suoi reati sostanziali, affermano che i "*gravi danni fisici o mentali possono includere, ma non necessariamente limitarsi a, atti di tortura, stupro, violenza sessuale o trattamenti inumani o degradanti*"[120], gettando così le basi per futuri procedimenti giudiziari per *genocidal rape* dinanzi alla CPI.

Ogni tanto, arriva un caso che, per la prima volta, rappresenta una pietra miliare nel panorama del diritto e della giurisprudenza. Il caso contro Akayesu è uno di questi perché è grazie ad esso se la nozione di *genocidal rape* è stata inserita nel quadro del diritto penale internazionale.

Tuttavia, come si è visto, la sentenza Akayesu è stata la sola a riconoscere lo stupro come una forma di genocidio, perché dopo di essa più alcun Tribunale internazionale ha voluto osare così tanto.

Chi scrive auspica che, nel futuro, il concetto di *genocidal rape*, che ha ricevuto una sua codifica sia dallo Statuto di Roma che dagli *Elements of crime* della Corte penale internazionale, possa essere applicato e che vengano emesse ulteriori sentenze di condanna.

Anche se, in un mondo utopistico, nessuno mai dovrebbe ricorrere ad un crimine così odioso per attuare folli scopi di sterminio.

---

commessi con l'intenzione di distruggere, in tutto o in parte, un gruppo nazionale, etnico, razziale o religioso, come tale:
a) uccisione di membri del gruppo;
b) lesioni gravi all'integrità fisica o mentale di membri del gruppo;
c) il fatto di sottoporre deliberatamente il gruppo a condizioni di vita intese a provocare la sua distruzione fisica, totale o parziale;
d) misure miranti a impedire nascite all'interno del gruppo;
e) trasferimento forzato di fanciulli da un gruppo ad un altro".

[120] *International Criminal Court*, Elements of Crimes, U.N. Doc. PCNICC/2000/1/Add.2 (2000).

Postfazione

Nel 2021 che volge al termine non si dovrebbe più sentire parlare di violenza sulle donne, e parole come "femminicidio" non dovrebbero più fare parte del nostro vocabolario.

Purtroppo, non è così e mi viene spontaneo pensare ai corsi e ricorsi della Storia così come li ha intesi Giordano Bruno. Non si impara mai dal nostro passato se tendiamo a commettere sempre gli stessi errori, se torniamo ogni volta sulla *scena criminis* senza aver appreso alcunchè.

Se si è giunti ad una pronuncia così importante, significa che la strada delle donne verso la vera parità dei diritti è ancora lunga.

Se, ancora nell'epoca moderna lo stupro è considerato quale arma per sottomettere un popolo, per umiliarlo, allora significa che la concezione della donna come oggetto, come *res*, non è stata superata.

Sta alle donne non tacere, non permettere che azioni così terribili abbiano a ripetersi.

Ringraziamenti

Questo volume, scritto durante il primo *lockdown*, è frutto della riflessione scaturita durante quei lunghi mesi di reclusione forzata fra le mura di casa, senza poter uscire nemmeno per recarmi al lavoro, con il divieto assoluto di frequentare chicchessia, anche la mia famiglia che ho visto il 26.10.2019 e ho riabbracciato il giorno della Festa della Mamma, a Maggio 2020.

Un isolamento forzato che mi ha obbligata a potenziare le doti di resilienza per cercare di adattarmi a quella situazione così innaturale, per trovare un nuovo equilibrio.

Ringrazio, *in primis*, la mia famiglia che, seppure da lontano, in quel periodo mi è stata vicino, che continua ad esserlo con preziosi consigli e grandi lezioni di vita.

Grazie a Giulio Perrotta che crede alle mie doti di saggista e, ogni volta, si presta con entusiasmo a scrivere le prefazioni dei miei libri, a Laura Cargnino, che mi supporta e "sopporta", a Daniela Del Vecchio con cui condivido oneri e onori della nostra professione, a tutti coloro che leggeranno questo volume e divulgheranno il suo messaggio.

Bibliografia

Bosnia, Herzegovina v. Serbia, Montenegro (Febbraio 26, 2007).

Brownmiller, S. (1993, Gennaio 4). Making femal bodies the battlefield. *Newsweek*, p. 37.

Copelon, R. (1995). Gendered War Crimes: Reconceptualizing Rape in a Time of War. In J. Peters, & A. Wolper, *Women's rights, humas rights: international feminist perspectives* (p. 204).

Gaeta, P. (2009). *The genocide Convention.* Oxford: Oxford University press.

http://hrlibrary.umn.edu/commission/country52/68-rwa.htm. (s.d.). Tratto da hrlibrary,umn,edu.

ICC. (s.d.). *Elements of crimes.*

ICC. (s.d.). *https://www.icc-cpi.int/resource-library#coreICCtexts.* Tratto da www.icc-cpi.int.

Lemkin, R. (1944). *Axis rule in occupied Europe: laws of occupation analysis of goverment, proposal for redress.* Washington: Carnegie Endowment fo world peace.

MacKinnon, C. (1993). Crmes of war, crimes of peace. In S. Shute, & S. Hurley, *On human rights: the Oxford amnesty lectures* (p. 83-85).

Mazowiecki, T. (1993). *Report on the situation of human rights in the territory of the former Yugoslavia.*

Nations, U. (2005). *Report of the International Commission of Inquiry on Violations of International Humanitarian Law and Human Rights Law in Darfur.*

Nicolaas-Drost, P. (1959). *Genocide: United Nations legislation on international criminal law.* Leiden: A.W. Sijthoff.

Nowroiijee, B. (2005). *Your justice is too slow: will the ICTR fail Rwanda's rape victims?* Tratto da http://www.unrisd.org/80256B3C005BCCF9/(httpAuxPages)/56FE32D5C0F6DCE9C125710F0045D89F/$file/OP10%20Web.pdf.

Obote-Odora, A. (2005). Rape and Sexual Violence in

International Law: ICTR Contributions. *Journal of comparatve and international law*, 141.

Prosecutor v. Bagambiki, Case n. ICTR-97-36-I (ICTR Ottobre 13, 1997).

Prosecutor v. Bisengimana, ICTR-00-60-T (ICTR Aprile 13, 2006).

Prosecutor v. Brdjanin, IT-99-36-T (ICTY Settembre 1, 2004).

Prosecutor v. Gacumbitsi, ICTR-01-64-T (ICTR Giugno 17, 2003).

Prosecutor v. Jean Paul Akayesu (ICTR Chamber I Settembre 02, 1998).

Prosecutor v. Jelisic, IT-95-10-T (ICTY dICEMBRE 14, 1999).

Prosecutor v. Jelisic, IT-05-10-A (ICTY Luglio 5, 2001).

Prosecutor v. Kajelijeli, ICTR-98-44A-T (ICTR Dicembre 1, 2003).

Prosecutor v. Kambanda, ICTR-97-23-S (ICTR Settembre 4, 1998).

Prosecutor v. Kamuhanda, ICTR-95-54A-T (ICTR Gennaio 22, 2004).

Prosecutor v. Karadzic e Mladic, IT-95-18-R61 (ICTY Luglio 1, 1996).

Prosecutor v. Krstic, IT-98-33-T (ICTY Agosto 2, 2001).

Prosecutor v. Krstic, IT98-33-A (ICTY Aprile 19, 2004).

Prosecutor v. Muhimana, ICTR-95-1B-T (ICTR Aprile 28, 2005).

Prosecutor v. Musema, ICTR-96-13-A (ICTR Gennaio 27, 2000).

Prosecutor v. Musema appeal, ICTR-96-13-A (Camera Appello ICTR Novembre 6, 2001).

Prosecutor v. Muyunyi, ICTR-00-55A-T (ICTR Settembre 12, 2006).

Prosecutor v. Nahimana, Brayagwiza e Ngeze (ICTR-99-52-T Dicembre 3, 2003).

Prosecutor v. Ndindabahizi, ICTR-01-71-I (ICTR Luglio 15, 2004).

Prosecutor v. Nikolai Jorgic, BvR 1290/99 (Bundesverfassungsgericht (Federal Constitutional Court), Fourth Chamber, Second Senate Dicembre 12, 2000).

Prosecutor v. Niyitegeka, ICTR-96-14-A (ICTR).

Prosecutor v. Ntagerura, Bagambiki & Imanishimwe, ICTR-99-46-T (ICTR Febbraio 25, 2004).

Prosecutor v. Nzabirinda, ICTR-01-77-T (ICTR Febbraio 23, 2007).

Prosecutor v. Semanza, ICTR-95-1B-T (ICTR Maggio 15, 2003).

Prosecutor v. Serashago, ICTR-98-39-S (ICTR Febbraio 2, 1999).

Prosecutor v. Sikirica et al., IT-95-8-I (ICTY Settembre 3, 2001).

Ramaroson, A. (2003, Dicembre 1). Dissenting opinion nella sentenza Prosecutor v. Kajelijeli.

Robinson, N. (1960). On the crime of genocide. *The genocide convention: a commentary*. New York: Institute of Jewish affairs.

Rwanda, S. d. (s.d.). Tratto da htpps://unictr.irmct.org: https://unictr.irmct.org/sites/unictr.org/files/legal-library/100131_Statute_en_fr_0.pdf

Schaack, B. V. (2008). Engendering Genocide: The Akayesu Case Before the International Criminal Tribunal for Rwanda. *Legal Studies Research Papers Series Santa Clara University*, 1-30.

Schabas, W. (2009). *Genocide in international law. The crime of crimes.* Cambridge: CAmbridge University Press.

Studies, U. D. (s.d.). Tratto da https://www.un.org/en/: https://documents-dds-ny.un.org/doc/UNDOC/GEN/G98/102/91/pdf/G9810291.pdf?OpenElement

watch, H. r. (s.d.). *Shattered lives - Sexual violence during the Rwandian genocide and its aftermath.* Tratto da www.hrw.org: https://www.hrw.org/reports/1996/Rwanda.htm

Wax, E. (2001, Marzo 28). *Rwandans Are Struggling to Love Children of Hate.* Tratto da https://www.washingtonpost.com: https://www.washingtonpost.com/archive/politics/2004/03/28

/rwandans-are-struggling-to-love-children-of-hate/dd942c7b-9287-42cc-8763-bd0675c0b73f/

www.ingramcontent.com/pod-product-compliance
Lightning Source LLC
Chambersburg PA
CBHW051441150726
48000CB00005B/2201
9798407462736